Jochem Kießling-Sonntag

Mitarbeitergespräche

CRASHKURS!

Cornelsen

Verlagsredaktion:
Ralf Boden
Layout und technische Umsetzung:
Verena Hinze, Essen
Umschlaggestaltung:
Ellen Meister, Berlin
Titelfoto:
© gettyimages, Andersen Ross

Informationen über Cornelsen Fachbücher und Zusatzangebote:

www.cornelsen.de/berufskompetenz

1. Auflage

© 2010 Cornelsen Verlag Scriptor GmbH & Co. KG, Berlin

Druck:
CS Druck CornelsenStürtz, Berlin

ISBN:
978-3-589-23792-0

 Inhalt gedruckt auf säurefreiem Papier aus nachhaltiger Forstwirtschaft.

Vorwort

→ Sie sind als Führungskraft neu berufen worden und werden künftig immer wieder Mitarbeitergespräche führen?

→ Sie sind erfahren in der Führung von Menschen und wollen Ihr Wissen um die Kommunikation auffrischen?

→ Sie tragen Personal- oder Personalentwicklungs-Verantwortung und wollen die Praxis der Gesprächsführung mit Mitarbeitern in Ihrem Unternehmen auf den Prüfstand stellen?

→ Sie sind Trainerin oder Trainer, Beraterin oder Berater; Sie werden in nächster Zeit verstärkt auf dem Feld der Mitarbeiterkommunikation arbeiten, und Sie suchen nun Impulse für Ihre Arbeit mit Auftraggebern und Trainingsgruppen?

→ Sie sind Mitarbeiterin oder Mitarbeiter in einem Unternehmen und möchten, weil mit Ihnen Mitarbeitergespräche geführt werden oder Sie sich solche Gespräche wünschen, mehr darüber erfahren, wie man Mitarbeitergespräche gestalten und nutzen kann?

→ Sie suchen als Studierende oder Studierender eine übersichtliche Einführung in das Thema Mitarbeitergespräche?

Dann ist dieses Buch für Sie geschrieben.

Der besondere Reiz dieses Buchprojekts lag für mich in der Herausforderung, dieses Thema so schlank und praxisnah wie irgend möglich darzustellen. Dabei gibt es zwei Versuchungen.

→ Versuchung 1: Man beschreibt konkrete Praxisfälle und bietet dafür Lösungen an, Tipps und Tricks. – Aber: Kein Fall ist wie der andere. Fallstudien sind manchmal entsetzlich lang oder viel zu stark verkürzt.

→ Versuchung 2: Man versucht zu zeigen, dass gute Gesprächsführung in der Anwendung einer oder mehrerer bestimmter Theorien liegt. – Aber: Die Theorie ist oft so abstrakt, dass man den Nutzen für die Praxis kaum noch erkennt.

So habe ich versucht, einen Mittelweg zwischen hilfreicher Theorie und Praxisorientierung zu finden und darüber hinaus in kleinen Übungen Gelegenheit zu geben, die eigene Gesprächsführung zu reflektieren.

Dass diese Buchreihe Crashkurs heißt, also zu deutsch etwas milder Schnell- oder Intensivkurs, ist ein Ansporn. Denn dieses Buch ist vor dem Hintergrund realer Kurse für Unternehmen und Non-Profit-Organisationen entstanden. Diese Seminare – sie dauern ein, zwei oder drei Tage – bilden inhaltlich und methodisch den roten Faden für die Anlage dieses Ratgebers:

→ Im Zentrum steht der ‚handwerklich' solide Aufbau von Mitarbeitergesprächen, der in den meisten Situationen angewandt werden kann. In diesem Zusammenhang geht es auch um die oftmals erfolgsentscheidende Vorbereitung des Gesprächs.

→ Es werden die Aufgaben der / des Vorgesetzten auf der Ebene der Leistungsförderung und der Beziehungsgestaltung beschrieben, die jedes Gespräch fundamental tragen.
→ Um diese Aufgaben wahrzunehmen, müssen Führungskräfte Mitarbeitergespräche aktiv steuern; zu diesem Zweck werden entsprechende Methoden und Techniken vorgestellt.
→ Es werden die wichtigsten Gesprächsanlässe von der Aufgabendelegation bis hin zum Mitarbeiterjahresgespräch mit ihren Besonderheiten behandelt. Letzteres ist ein sehr wertvolles Hilfsmittel der Führung, das – richtig angewandt – die Mitarbeiterbindung, die Motivation und die Unternehmenskultur insgesamt positiv beeinflussen kann.

Mitarbeitergespräche sind nicht nur ein notwendiges Führungs-„Instrument". Miteinander im Austausch zu sein, ist eine Grundbedingung menschlichen Daseins, jenseits der Hierarchie. Das Gespräch zu pflegen und zu genießen in einer Zeit zunehmender Anonymisierung in virtuellen Welten ist ein Aktivposten gestaltender Mitarbeiterführung. Dies ist, so glaube ich, Führung, die den Unterschied macht.

Werther, im Sommer 2010   *Jochem Kießling-Sonntag*

Kontakt: jks@trainsform.de

Inhalt

1 Gute Gespräche – gute Mitarbeitergespräche

In diesem Kapitel sind wir den Qualitäten eines guten Gesprächs auf der Spur. Sie erfahren, wodurch sich ein Mitarbeitergespräch von anderen Gesprächen unterscheidet und woran Sie ein gelungenes Mitarbeitergespräch erkennen.

Mitarbeitergespräche sind eines der wichtigsten Führungsinstrumente.

NICHT DURCH KONZEPTE, E-MAILS ODER SCHRIFTLICHE ANWEISUNGEN WERDEN MITARBEITER GEFÜHRT UND ENTWICKELT, SONDERN DADURCH, DASS MAN MIT IHNEN „FACE TO FACE" SPRICHT.

Immer wieder glaubten Manager nach der Einführung einer neuen Technologie wie des Telefons oder der Videokonferenz, dank dieses Mediums könne man endlich Zeit und Reisekosten sparen. Doch selten sanken durch neue Medien die realen Reiseaktivitäten der Gesprächspartner.

Der Händedruck, die Möglichkeit, die Körpersprache des anderen unmittelbar zu erleben, ein produktives Arbeitsessen, Aktivitäten wie Betriebsbesichtigungen, die man gemeinsam unternimmt, lassen sich nicht durch virtuelle Kontakte ersetzen. Der Schlüssel zum Erfolg sind nicht selten gute persönliche Beziehungen.

Umso mehr gilt dies für den Umgang mit den eigenen Mitarbeitern. Der direkte Kontakt von Mensch zu Mensch, in dem Ideen erzeugt, Sichtweisen ausgetauscht, Strategien und Bedürfnisse koordiniert und Gefühle zugelassen werden, ist durch nichts zu ersetzen.

Bevor wir nun auf die Kennzeichen guter Mitarbeitergespräche eingehen, sind Sie hier zu einer kleinen Reflexion eingeladen. Und zwar werfen wir zunächst einen Blick auf private Gespräche: Stellen Sie sich vor, Sie treffen sich mit einem guten Freund oder einer guten Freundin. Vielleicht haben Sie es sich zuhause gemütlich gemacht, oder Sie sind ausgegangen.

Und stellen Sie sich weiter vor, Sie führen ein wirklich gutes Gespräch, ein Gespräch von einer Intensität, wie Sie sie eher selten erleben. Vielleicht entstehen da Bilder: Wo befinden Sie sich? Über welche Themen sprechen Sie? Wie sind die Begleitumstände (... vielleicht haben Sie gegessen und getrunken)? Wie erleben Sie die Atmosphäre? Was empfinden Sie? ...

1.1 Kennzeichen guter Gespräche

Wenn Sie mögen, nehmen Sie sich einige Augenblicke Zeit dafür, einmal einer solchen privaten Situation nachzuspüren.

Reflexion

Woran erkennen Sie im persönlichen Bereich ein gutes Gespräch?

Wie verläuft es? Was nehmen Sie wahr? Welche Assoziationen und Emotionen stellen sich ein?

_____

_____

_____

_____

_____

Wenn ich in einem Gesprächsseminar die Teilnehmerinnen und Teilnehmer bitte, Begriffe und Assoziationen zu gelungenen Gesprächen im persönlichen Alltag zu nennen, werden immer wieder Aspekte wie Offenheit, Vertrauen, interessante Themen, Zuhören, ausreichend Zeit, angenehme Umgebung, gegenseitige Zuneigung und zugewandte Körpersprache genannt. – Waren dies in etwa auch Ihre Assoziationen?

Wir wissen im Allgemeinen recht gut, was ein gutes Gespräch ist. Wir lassen uns da nichts vormachen, und wir wissen im Grunde auch, dass wir anderen da nichts vormachen können. Die Sensibilität für gelungene Kommunikation, die Teil unserer gesamten Lebenserfahrung ist, blenden wir im Mitarbeitergespräch natürlich nicht aus, sondern sie ist auch dort ein wichtiges Element der Interaktion.

BASIEREND AUF UNSERER PRIVATEN ERFAHRUNG KÖNNEN WIR UNS AUCH IM MITARBEITERGESPRÄCH FRAGEN, OB DIE KOMMUNIKATION GERADE GELINGT – OB DAS GESPRÄCH ALSO DURCH GLEICHE WELLENLÄNGE, GEGENSEITIGES ZUHÖREN UND DIE BEREITSCHAFT, EINANDER ZU VERSTEHEN, GEKENNZEICHNET IST.

Im weiteren Verlauf dieses Buches werden wir uns mit den einzelnen Aspekten gelungener Kommunikation natürlich noch eingehend befassen. Doch unseren spontanen emotionalen Gesamteindruck sollten wir nicht ignorieren, er ist oft ein wichtiger innerer Wegweiser.

EIN MITARBEITERGESPRÄCH GELINGT IMMER DANN, WENN DARIN NICHT NUR THEMEN „ABGEARBEITET" WERDEN, SONDERN WENN ES DARÜBER HINAUS VON WERTSCHÄTZUNG UND GEGENSEITIGEM VERTRAUEN GETRAGEN WIRD, DENN NUR EIN SOLCHES GESPRÄCH IST MOTIVIEREND; NUR IN EINEM GESPRÄCH, IN DEM ES MENSCHLICHE NÄHE GIBT, KÖNNEN MITARBEITER DAFÜR GEWONNEN WERDEN, SICH MIT VOLLER KRAFT FÜR EIN GEMEINSAMES ZIEL EINZUSETZEN.

1.2 Besonderheiten des Mitarbeitergesprächs

Nun ist unser Thema nicht die Gesprächsführung im Allgemeinen, auch nicht generell die Gesprächsführung im Beruf, sondern speziell das Führen von Mitarbeitergesprächen.

Daher finden Sie hier einige Kernpunkte, durch die sich Mitarbeitergespräche von anderen Gesprächsformen unterscheiden:

> ## ! Kennzeichen des Mitarbeitergesprächs
>
> → Ein Gesprächspartner ist vorgesetzt, das heißt weisungsbefugt, der andere ist weisungsabhängig.
> Also: Ein Gespräch unter gleichberechtigten Kollegen ist kein Mitarbeitergespräch.
>
> → Das Gespräch ist von einem beruflichen Sachimpuls getragen: Man spricht über Aufgaben, Ziele, Projekte, den Leistungsstand des Mitarbeiters.
> Also: Sich gegenseitig einfach auszutauschen – etwa über das Wetter, Hobbys, das Wohlbefinden – ergibt allein noch kein Mitarbeitergespräch (berufsferne Thematiken werden aber im Gespräch oftmals berührt, zum Beispiel zu Beginn oder am Ende des Gesprächs).
>
> → Dem Gespräch liegt ein berufliches Anliegen zu Grunde, eine Zielvorstellung.
> Eine Aufgabe soll delegiert werden. Die Entwicklung des Mitarbeiters soll gefördert werden. Ein Konflikt soll einer Lösung zugeführt werden. – Man redet nicht nur einfach über das Thema, sondern das Gespräch soll auch etwas bewegen.
>
> → Das Gespräch findet mit nur einem Mitarbeiter statt.
> Sind zwei oder mehr Mitarbeiter zugegen, passen eher Begriffe wie Gruppen- oder Teamgespräch – oder „Meeting". Es kann aber vorkommen, dass in besonderen Situationen in dem Gespräch mit einem Mitarbeiter außer der unmittelbaren Führungskraft noch weitere Funktionsträger anwesend sind, zum Beispiel der nächsthöhere Vorgesetzte oder ein Betriebsratsmitglied. Dies sind aber Ausnahmen.

Das klingt insgesamt recht nüchtern – und ist es im Grunde auch. Das Mitarbeitergespräch würde nicht geführt, wenn nicht beide, Führungskraft und Mitarbeiter, in einer Vertragsbeziehung zu der Organisation stünden, in deren Namen das Gespräch stattfindet. Im privaten Leben hätten sich die Gesprächspartner in den meisten Fällen vermutlich nicht einmal kennen gelernt. Das Gespräch ist ein Hilfsmittel, Ziele zu erreichen. Und auch die Gesprächsbeteiligten stehen bei der Organisation vor allem deswegen unter Vertrag, weil sie den Nutzen der Organisation mehren sollen. Dies kann ein materieller Nutzen sein oder – bei Non-Profit-Organisationen – auch ein ideeller Nutzen, z.B. „Hilfeleistung" bei einer Hilfsorganisation oder „Bildung" bei einer öffentlichen Bildungsinstitution.

EIN MITARBEITERGESPRÄCH, DAS SIE ALS FÜHRUNGSKRAFT GEFÜHRT HABEN, WAR DANN ERFOLGREICH, WENN SIE FOLGENDE FRAGEN MIT JA BEANTWORTEN KÖNNEN: HATTE DAS GESPRÄCH IM SINNE DER ORGANISATION EINEN ANGEMESSENEN VERLAUF UND IST ES ZU EINEM GUTEN ERGEBNIS GEKOMMEN? HABE ICH MEINE ZEIT UND DIE ZEIT DES MITARBEITERS SINNVOLL EINGESETZT?

Mitarbeitergespräche sind kein Selbstzweck.

Doch mit diesem kühlen Gedanken haben wir erst die eine Seite der Medaille angeschaut, denn der Mensch ist keine Maschine. Dies verdeutlichte schon die Eingangsreflexion zum Verständnis dessen, was wir als ein gutes Gespräch ansehen. Wir gehen heute davon aus, dass Menschen ihre Fähigkeiten im Berufsleben dann am besten zur Entfaltung bringen können, wenn sie sich an ihrem Arbeitsplatz wohlfühlen.

Führungskräfte sind dabei wichtige Gestalter des Arbeitsklimas. Und wie fördern sie dieses Klima? Durch E-Mails, Videobotschaften, Verfahrensanweisungen? Nein! – sondern natürlich am meisten durch ihr unmittelbares Vorbild, ihre Glaubwürdigkeit und ihr Geschick, auf Menschen zuzugehen und auf sie einzugehen – und zwar im persönlichen Gespräch. Im direkten Kontakt mit dem Vorgesetzten spüren Mitarbeiter, dass sie als Menschen gesehen, wahrgenommen, wertgeschätzt werden, oder sie realisieren, dass sie nur wie ein Werkzeug gebraucht werden.

Dies ist das grundlegende Dilemma der Mitarbeiterkommunikation:
→ Je rationaler das Gespräch an Organisationszielen ausgerichtet wird, desto krasser droht es den Menschen mit seinen Potenzialen aus den Augen zu verlieren.
→ Und je genauer sich das Gespräch umgekehrt an den Bedürfnissen und der Befindlichkeit des individuellen Mitarbeiters orientiert, desto größer ist die Gefahr, dass die höheren Zwecke der Organisation, um deretwegen das Gespräch geführt wird, in den Hintergrund treten.

BEIM MITARBEITERGESPRÄCH GEHT ES ALSO DARUM, DAS RECHTE MASS ZWISCHEN PERSÖNLICHER ZUWENDUNG UND SACHLICHER ZIELORIENTIERUNG ZU FINDEN.

2 Vor- und Nachbereitung von Mitarbeitergesprächen

Wichtige Aspekte der Mitarbeiterkommunikation sind eine solide Gesprächsvor- und -nachbereitung. Dadurch werden Ihre Gespräche effizienter, und Sie können sich vor unliebsamen Überraschungen schützen.

Für Teilnehmer in Gesprächsseminaren ist es oft überraschend, wie viel Potenzial für den Erfolg eines Gesprächs in einer gründlichen Vorbereitung liegt. Dies gilt insbesondere für anspruchsvolle Gesprächsformen, auf die weiter unten noch besonders eingegangen wird: für Kritik- und Konfliktgespräche sowie für Beurteilungs- und generell Jahresgespräche.

2.1 Gesprächsvorbereitung

Im Vorzimmer des Chefs wartet seit zwanzig Minuten der Mitarbeiter auf den Beginn des für ihn wichtigen Gesprächs, um das er seinen Vorgesetzten schon vor zwei Wochen gebeten hat. Endlich erscheint der Chef mit dem Hinweis, das Management-Meeting habe sich leider ungeplant in die Länge gezogen. Was der Mitarbeiter denn auf dem Herzen habe, fragt der Vorgesetzte schmissig. – Ja, die Sache sei so, beginnt der Mitarbeiter, ... er habe es sich lange überlegt, ob er das Thema wirklich schon zu diesem Zeitpunkt ansprechen könne ... – Nur heraus mit der Sprache, unterbricht ihn der Vorgesetzte. – Er arbeite zwar erst seit einem halben Jahr für das Unternehmen, fährt der Mitarbeiter fort, und er sei ja sicherlich noch in der Lernphase, dennoch wolle er anfragen, ob es möglich sei, außer der Reihe eine Gehaltserhöhung zu bekommen ...

Mit diesem Anliegen hat der Vorgesetzte nicht gerechnet. Noch eben im Meeting wurde er zu einschneidenden Kostenreduktionen in seinem Arbeitsbereich aufgefordert. Innerlich hat er das Ansinnen des Mitarbeiters bereits zu diesem Zeitpunkt abgelehnt. Zwar fragt er diesen noch, weshalb er denn mehr Geld haben möchte, dies jedoch nur der Form halber, um im Anschluss daran seine zahlreichen und treffenden Argumente aufzuzählen, die begründen, warum eine Gehaltserhöhung in diesen Zeiten überhaupt nicht infrage komme. Sein Ton ist schroff.

Bald verlässt der Mitarbeiter enttäuscht das Büro.

Was zeigt dieses Beispiel? Es zeigt, dass manchmal wenige Momente dafür ausreichen, dass nicht nur ein Gespräch misslingt, sondern eine Arbeitsbeziehung insgesamt beeinträchtigt wird. Es mag sein, dass es rein sachlich unumgänglich war, dem Mitarbeiter die Gehaltserhöhung zu verweigern. Das Problem ist hier, dass der Mitarbeiter aufgrund der negativen Haltung des Vorgesetzten, die sich in dessen schroffen Tonfall zeigte, demotiviert aus dem Gespräch herausgeht. Vielleicht galt die negative Haltung nicht einmal ihm, sondern sie bezog sich im Grunde vielleicht auf den Sparkurs der Firma, aber der Mitarbeiter hat die Ablehnung verständlicherweise auf sich bezogen. Er fühlt sich abgewertet. Dies ist vollkommen unnötig und hätte sich bei besserer Vorbereitung vermeiden lassen. Normalerweise mag der Vorgesetzte dem Mitarbeiter durchaus wohlgesonnen sein, aber die Weisung, Kosten zu sparen, und der Wunsch des Mitarbeiters nach einem höheren Gehalt gingen in ihm im Moment des Gesprächs anscheinend eine explosive Mischung ein.

Reaktionen aus einem spontanen Impuls heraus halten oft einer Prüfung nicht stand und erweisen sich im Nachhinein als schädlich. Der ersparten Zeit von einigen Minuten Vorbereitung stehen möglicherweise Wochen gespannter Stimmung, eine verminderte Arbeitsleistung des Mitarbeiters, vielleicht seine innere Kündigung gegenüber. – Kurzum:

ALS CHEF TUN SIE GUT DARAN, DEN MITARBEITER SCHON ANLÄSSLICH DER VEREINBARUNG DES TERMINS ZU FRAGEN, WAS SEIN ANLIEGEN IST.

Wenn Sie den Eindruck haben, dass eine Mitarbeiterin oder ein Mitarbeiter das Gesprächsthema vorab in der Breite noch nicht benennen möchte, bitten Sie sie oder ihn einfach, Ihnen ein „Stichwort" zu nennen. Diese leichte Form der Nachfrage führt meist dazu, dass Sie wenigstens einen Hinweis erhalten, auf dessen Basis Sie das Feld möglicher Themen eingrenzen und sich entsprechend einstimmen können.
Im obigen Fall hätte der Vorgesetzte eine gute Chance gehabt, im Vorfeld zu erfahren, dass es um das Thema „Bezüge" gehe. Er hätte vor dem Hintergrund der wirtschaftlichen Situation der Firma und der Leistung des Mitarbeiters Gelegenheit gehabt, das eigene Vorgehen zu bedenken und künftige Komplikationen zu vermeiden. Vermutlich wäre er auf den Gedanken gekommen, dem Mitarbeiter mindestens seine Wertschätzung auszudrücken, wenn er schon keinen finanziellen Spielraum für eine Gehaltserhöhung hat.

Die Bedeutung der Gesprächsvorbereitung wird oft unterschätzt. Man glaubt, das Gespräch selbst biete genug Zeit, sich über das beste Vorgehen klar zu werden. Doch ist das Gespräch erst einmal in Gang, bleibt inmitten des Zuhörens und Argumentierens nur noch begrenzt Raum für gesprächsstrategische Überlegungen.

NEHMEN SIE SICH VOR DEM GESPRÄCH EINIGE MINUTEN ZEIT FÜR DIE PLANUNG!

Die folgende Checkliste soll Ihnen die Gesprächsvorbereitung erleichtern.

Checkliste: Gesprächsvorbereitung

Inhaltliche Vorbereitung:

1. Gesprächsziel formulieren

   Was will ich konkret erreichen? Was soll nach dem Gespräch passieren?
   Beispiel: *„Ich möchte, dass der Mitarbeiter mein neues Vertriebskonzept nach dem Gespräch engagiert bei Kunden umsetzt."*

2. Alternativziel(e) formulieren

   Welche Richtung werde ich im Gespräch einschlagen, wenn ich erkennen muss, dass ich mein Hauptziel nicht erreichen kann? – Die Formulierung eines Alternativziels erhält die Flexibilität im Gespräch und entlastet von Erfolgsdruck.
   Beispiel: *„Ich möchte, dass der Mitarbeiter meine Gründe dafür versteht, ein neues Vertriebskonzept zu implementieren, und dass er nach dem Gespräch dessen Vor- und Nachteile ernsthaft prüft."*

3. Informationen sammeln bzw. vergegenwärtigen

   → Was ist unser bisheriger Gesprächsstand zu unserem Thema?
   → Welche neuen Informationen möchte ich dem Mitarbeiter geben?
   → Gibt es Vereinbarungen aus unserer bisherigen Arbeitsbeziehung, die im Gespräch eine Rolle spielen werden?
   → Welche Unterlagen benötige ich im Gespräch? (Es unterbricht den Gesprächsfluss und wirkt unhöflich, Unterlagen erst im Gespräch zu suchen.)

4. Sich in den Gesprächspartner hineinversetzen

   → Welche Zielsetzungen und Bedürfnisse bringt er mit in das Gespräch, was ist sein Anliegen?
   → Welche Argumente wird er vermutlich vorbringen?
   → Mit welchem Vorgehen meinerseits wird er rechnen? Wie kennt er mich / wie schätzt er mich ein?

5. Gesprächsablauf in Gedanken durchgehen
   (siehe dazu auch Kap. 3.2)

   → Wie steige ich in das Gespräch ein?
   → In welcher Reihenfolge präsentiere ich die Informationen/ Argumente?
   → Welche Fragen möchte ich gern an den Mitarbeiter richten?
   → Was muss am Ende des Gesprächs geklärt sein?

Organisatorische Vorbereitung:

→ Den Mitarbeiter über den Anlass des Gesprächs informieren. Dies ist vor allem für die fachliche Qualität der Unterredung wichtig, weil sich so auch der Mitarbeiter auf das Gespräch vorbereiten kann. Außerdem ist es ein Gebot der Fairness, dem Gesprächspartner die Vorbereitung zu ermöglichen, da man diese ja auch für sich selbst in Anspruch nimmt.
Ausnahme: Änderungsgespräche wie z.B. Versetzungsgespräche; hier würde die Ankündigung des Gesprächsthemas der Vorwegnahme der Versetzung gleichkommen.

→ Genug Zeit einplanen. Vor dem nächsten Termin sollten Sie einen Puffer einplanen, damit Sie nicht unter Zeitdruck geraten, wenn das Gespräch länger dauert als geplant.

→ Gesprächstermin frühzeitig vereinbaren.

→ Geeignete Räumlichkeiten auswählen. Mitarbeitergespräche müssen nicht immer im Büro des Vorgesetzten stattfinden. Oft empfiehlt es sich, das Gespräch an einem neutralen Ort durchzuführen, etwa in einem Besprechungsraum.

→ Störungen ausschalten (z.B. keine Telefonate).

Gerade auf schwierige Gespräche, z.B. Kritik- oder Konfliktgespräche, sollten Sie sich besonders gut vorbereiten. Aber auch ein Zuviel an Vorbereitung kann schädlich sein. Nicht alles ist planbar. – Finden Sie die richtige ‚Auflösung‘ und bleiben Sie beweglich.

Wenn Sie mögen, können Sie hier die Methode der Gesprächsvorbereitung auf eine konkrete eigene Situation anwenden:

? Übung: Gesprächsvorbereitung

Vergegenwärtigen Sie sich ein Mitarbeitergespräch, das Sie in nächster Zeit führen werden. Wenn Sie keine disziplinarische Mitarbeiterverantwortung tragen, kann dies auch ein Gespräch mit einem Projektmitarbeiter oder einem Kollegen sein.

1. Gesprächsziel

   → Was will ich erreichen?
   → An welchem Verhalten des Gesprächspartners würde ich nach dem Gespräch erkennen, dass das Gespräch erfolgreich war?

   _____

   _____

2. Übernahme der Partnerperspektive – Alternativziel

   → Mit welchen Bedürfnissen und Widerständen des Gesprächspartners muss ich möglicherweise rechnen?
   → Was ist mein Alternativziel?

   _____

   _____

3. Wichtige Informationen für das Gespräch

   _____

   _____

4. Möglicher Gesprächsablauf:

   → Einstieg:

   _____

   → Klären der Agenda:

   _____

   → Hauptteil/Themenbearbeitung:

   _____

   → Zusammenfassung/nächste Schritte/Ausstieg:

   _____

→ Praxistipp:

Immer wieder wird in Gesprächsseminaren die Frage gestellt, ob man ein Mitarbeitergespräch nicht auch bei lockerer Atmosphäre in einem Café oder Restaurant führen kann.

Dies ist meist heikel. Gut möglich, dass sich ungebetene Zuhörer an den Nebentisch setzen und Dinge mitbekommen, die Sie lieber nicht im Umlauf wüssten. Zahlen und Daten, Firmeninterna oder Inhalte Ihres Feedbacks an den Mitarbeiter gehen niemanden etwas an. Die scheinbar lockere bis private Situation macht es überdies schwierig, kritische Punkte anzusprechen. Außerdem kann es geschehen, dass das Gespräch einen emotionalen Verlauf nimmt, dem Sie in der öffentlichen Situation kaum angemessen begegnen können.

Generelles Fazit (nicht ausgeschlossen, dass Ausnahmen hier in Einzelfällen die Regel bestätigen): Mitarbeitergespräche sollten eher in der Firma oder – wenn auswärts – in Tagungsräumen geführt werden.

2.2 Gesprächsnachbereitung

Das Mitarbeitergespräch ist geführt. Sie sind zufrieden mit dem Verlauf. Der nächste Termin ruft schon ... und nach diesem nächsten Termin fragen Sie sich dann: Welche Absprachen haben wir eigentlich vor zwei Stunden in diesem sehr angenehmen Dialog getroffen? Manches fällt Ihnen wieder ein ... aber da war doch noch etwas?

GERADE WENN SIE VIELE MITARBEITER FÜHREN, IST ES BESONDERS WICHTIG, GESPRÄCHSERGEBNISSE UND ABSPRACHEN NACHZUHALTEN.

Führungs- und Managementaktivitäten produzieren täglich neue Gesprächspunkte und Vereinbarungen, die man sich kaum alle merken kann. Schaffen Sie sich ein System, mit dessen Hilfe Sie diese Punkte nachhalten können. Dies können handschriftliche oder elektronische Notizen sein. Sie können auch ein kurzes, stichwortartiges Ergebnis- und Maßnahmenprotokoll anfertigen und dies dem Mitarbeiter zukommen lassen – oder Sie bitten den Mitarbeiter, ein solches Protokoll anzufertigen und Ihnen dies zukommen zu lassen.

Das geschriebene Wort unterstreicht die Verbindlichkeit des gesprochenen Wortes und erhöht die Chancen, dass das erarbeitete Gesprächsergebnis auch umgesetzt wird.

Bei Beurteilungs-, Zielvereinbarungs- und Jahresgesprächen werden in der Regel standardisierte Gesprächsprotokolle eingesetzt (siehe dazu Kap. 4.5 bis 4.7).

DAS WICHTIGSTE IST: SIE SOLLTEN DIE ZUSAGEN, DIE SIE GEGEBEN HABEN, EINHALTEN UND DIE AKTIVITÄTEN, DIE SIE ÜBERNOMMEN HABEN, UMSETZEN. DIES SCHAFFT GLAUBWÜRDIGKEIT UND GIBT IHNEN DIE MÖGLICHKEIT, IHRERSEITS HOHE ANSPRÜCHE AN DIE VERBINDLICHKEIT DER AUSSAGEN IHRER MITARBEITER ZU STELLEN.

✓ Checkliste: Gesprächsnachbereitung

- ✓ Ergebnisse und Absprachen unmittelbar nach dem Gespräch stichwortartig schriftlich festhalten

- ✓ Eigene zugesagte Aktivitäten auf den Weg bringen

- ✓ Vom Mitarbeiter zugesagte Aktivitäten nachhalten

- ✓ Bei größeren delegierten Projekten von Zeit zu Zeit den Zwischenstand beim Mitarbeiter erfragen oder diesen bitten, turnusmäßig aktiv auf Sie zuzukommen und Sie zu informieren

3 Aspekte konstruktiver Gesprächsführung

Welche Haltungen und Methoden sind es, die Gespräche mit Mitarbeitern konstruktiv werden lassen? Und was sollte man generell vermeiden? Auf diese Fragen suchen wir in diesem Kapitel Antworten. Die Einstellungen und Techniken, mit denen wir uns hier befassen, sind in allen Mitarbeitergesprächen wertvoll.

Weil die Einstellung das Verhalten prägt, wenden wir uns zunächst den Haltungen zu, die einen positiven Gesprächsverlauf begünstigen.

3.1 Förderliche Grundhaltungen: Wertschätzung, einfühlendes Verstehen, Echtheit

Mitarbeitergespräche dienen dazu, positives Handeln zu stabilisieren und, wo nötig, Veränderungen herbeizuführen. Zielführendes Verhalten soll begünstigt werden. Das Bewusstsein des Mitarbeiters soll sich auf Werte wie Effektivität, Kundenorientierung oder Qualität richten.

Mitarbeiter folgen den Impulsen der Führungskraft langfristig jedoch nur dann, wenn sie dieser vertrauen. Der Glaube daran, dass die Führungskraft Gutes im Schilde führt, ist die Grundlage für jede Veränderungsbereitschaft aufseiten der Mitarbeiter. Denn Veränderung ist ja meist nichts Leichtes. Wer sich verändert, andere Dinge tut oder Dinge anders tut als bisher, gibt Sicherheiten auf. Er sieht sich von demjenigen, der die Veränderung wünscht, vielleicht sogar abgewertet in seinem bisherigen Verhalten, das doch immer den Anforderungen zu genügen schien. Dies kann schmerzen und Widerstand hervorrufen.

Menschen besitzen ein sehr feines Gespür dafür, ob ihnen jemand als Freund oder Feind begegnet. Durch feine Signale der Körperhaltung, der Mimik und des Stimmklangs tun Führungskräfte – in großen Teilen sicherlich unbewusst – kund, was sie von dem Mitarbeiter, der ihnen gegenübersitzt, halten.

> NUR WENN ES DER FÜHRUNGSKRAFT GELINGT, EINE POSITIVE GRUNDHALTUNG ZUM MITARBEITER AUFZUBAUEN UND AUFRECHTZUERHALTEN, HAT SIE EINE CHANCE, IHRE ZIELE OHNE MACHTMITTEL ZU ERREICHEN.

Praktisch das gesamte Repertoire an Gesprächsmethodiken, das im Bereich der Mitarbeitergesprächsführung vermittelt wird, entstammt dem Feld der Kommunikationspsychologie. Es zielte ursprünglich auf psychotherapeutische Anwendung. Erst in einem zweiten Schritt wurden diese Methodiken in organisationale und wirtschaftliche Zusammenhänge gestellt. Die Bedeutung konstruktiver Grundhaltungen wurde von dem humanistischen Psychologen Carl R. Rogers (siehe Rogers 2007) herausgestellt.

Die drei im Folgenden zusammengestellten Grundhaltungen sind für den Gesprächserfolg und für die Beziehungsgestaltung besonders wichtig.

Wertschätzung

Den Gesprächspartner als Person anzunehmen, wie er ist, ist eine essenzielle Voraussetzung jeder erfolgreichen Interaktion mit anderen Menschen. Wir begegnen dem anderen Menschen mit Wärme und Solidarität und respektieren dabei seine Eigenheiten. Im Mitarbeitergespräch bedeutet dies vor allem, Person und Sache voneinander zu trennen: Auch wenn wir mit unserem Gegenüber nicht einer Meinung sind, genießt er als Mensch weiterhin unsere volle und bedingungslose Akzeptanz. Wir werten ihn nicht ab, nur weil er einem anderen als dem von uns vorgegebenen Pfad folgt. Im positiven Sinne bedeutet Wertschätzung auch Neugierde und Aufgeschlossenheit: Wir sind interessiert auch an den unkonventionellen Ideen und Sichtweisen des anderen, die vielleicht oder vermutlich aus ganz anderen Erfahrungswelten und inneren Quellen entspringen als unsere eigenen Ideen.

> Im Gespräch zeigt sich Wertschätzung in folgenden Verhaltensweisen:
> → den anderen unvoreingenommen nach seinen Erfahrungen und Ansichten fragen
> → den anderen ermutigen und ihn unterstützen
> → dem anderen seine Gefühle wie Freude, Enttäuschung, Ärger lassen
> → dem anderen nicht die Verantwortung für sein Handeln nehmen
> → dem anderen Zeit geben

Dies bedeutet jedoch nicht, mit allem, was der andere sagt, einverstanden zu sein oder die eigene Meinung zurückzuhalten.

Einfühlendes Verstehen

Hiermit ist die Fähigkeit gemeint, die Welt aus den Augen des anderen zu sehen. Wir sind aufgeschlossen dafür, uns in die Positionen und Meinungen des anderen hineinzuversetzen. Wir spüren, ohne sofort eigenen Bewertungen zu verfallen, emotional dem nach, was unseren Gesprächspartner bewegt. Und wir sind auch bereit, dies unserem Gesprächspartner gegenüber auszudrücken.

> Verhaltensweisen, die einfühlendes Verstehen zeigen, sind:
> → Aktives Zuhören
> → Spiegeln von Partneräußerungen (auf beide Punkte kommen wir unten in Kap. 3.4.1 zurück)

Einfühlendes Verstehen müssen wir nicht erlernen, sondern nur aktivieren – denn es gehört zur menschlichen Grundausstattung. Wir wissen durch neurobiologische Forschungen, dass wir besondere Nervenzellen in unserem Gehirn besitzen – die so genannten Spiegelneuronen –, die dafür verantwortlich sind, dass wir wahrgenommene Handlungen und Stimmungen anderer Menschen innerlich mitvollziehen. Ein Buchtitel bringt die entsprechende Frage auf den Punkt: *„Warum ich fühle, was du fühlst."* (siehe Bauer, 2005)

Echtheit

Dies bedeutet schlicht: Wir spielen dem anderen nichts vor, wir agieren nicht fassadenhaft. Unsere Handlungen sind stimmig. Unsere Worte, unser Tun und die von uns an den Tag gelegte Körpersprache sind kongruent. Wer beispielsweise einem Mitarbeiter sagen würde: *„Bringen Sie das Projekt ruhig auf Ihre Weise zu Ende",* aber dabei gleichzeitig unwillig den Kopf schütteln würde, verstieße gegen diesen Grundsatz.

Voraussetzung für Authentizität ist, dass wir in der Lage sind, uns selbst differenziert wahrzunehmen. Wie erleben wir unsere Arbeitsbeziehung zum Gesprächspartner? Welche Emotionen lösen seine Äußerungen bei uns aus? Dies ermöglicht es uns, klar zu sein, uns manchmal auch vom anderen abzugrenzen – und auch zu begründen, warum.

> Echtheit zeigt sich in der Gestaltung zweier wichtiger Verhaltensweisen:
>
> → Ich-Botschaften senden
> → Feedback geben (siehe dazu Kap. 3.4.4)

Authentisch zu sein heißt jedoch nicht, alles zu sagen, was uns gerade bewegt. Dies wäre in Mitarbeitergesprächen sicherlich oft unangemessen. Stellen Sie sich vor, Sie besitzen als Vorgesetzte oder Vorgesetzter wichtige Informationen über künftige Veränderungen in Ihrer Organisation, die Sie jedoch noch nicht weitergeben dürfen. Es wäre fatal, diese Dinge ungefiltert anzusprechen, nur weil sie Ihnen im Mitarbeitergespräch gerade durch den Kopf gehen.

Um Interaktionen nicht zu überfordern, hat die Psychologin Ruth Cohn (siehe Cohn 1975) den Begriff der selektiven Authentizität geprägt: Das, was wir sagen, sollte authentisch sein, aber wir sollten auswählen, welche unserer Gedanken in einen Kommunikationszusammenhang hineinpassen und welche nicht. Diese reflektierte und auswählende Echtheit ist in Mitarbeitergesprächen, in denen Vorgesetzte sich als Repräsentanten der Organisation natürlicherweise immer wieder von Mitarbeiterwünschen und -anliegen abgrenzen müssen, besonders wichtig.

3.2 Gespräche strukturieren

Als Führungskraft sollten Sie die Verantwortung für den Gesprächsverlauf übernehmen. In der Regel haben Sie zum Gespräch eingeladen; Sie eröffnen und beenden das

Gespräch, und Sie sollten auf einen geordneten Gesprächsverlauf achten. Mitarbeiter besitzen oft zwar eine detailliertere Fachkenntnis als die Führungskraft, die sich als Generalist um vieles kümmern muss. Gleichwohl: Das Machtgefälle zwischen Vorgesetztem und Mitarbeiter sollte man nicht außer Acht lassen. Fast alle Organisationen sind hierarchisch organisiert. Die gegebene Ordnung zu respektieren bedeutet für „Unterstellte" in aller Regel auch, die Steuerung der Kommunikation dem „Überstellten" zu überlassen.

Ausnahmen von dieser Regel sind recht selten und führen leicht zu Gesprächsstörungen: Die unabgesprochene Übernahme der Gesprächsführerschaft durch einen Mitarbeiter wird vom Vorgesetzten zumeist als anmaßend empfunden und führt in der Regel noch im laufenden Gespräch zur mehr oder weniger subtilen Klarstellung der Rangordnung.

ALS FÜHRUNGSKRAFT SOLLTEN SIE IM SINNE DER ORGANISATION ÜBER DAUER, ABLAUF UND ZIEL DES GESPRÄCHS REGIE FÜHREN UND IN DIESEM RAHMEN ZU PARTNERSCHAFTLICHEM DIALOG EINLADEN.

Abbildung 1 zeigt eine Übersicht über die fünf Gesprächsphasen. Diese Phasen bilden den roten Faden für die Durchführung der allermeisten Mitarbeitergespräche.

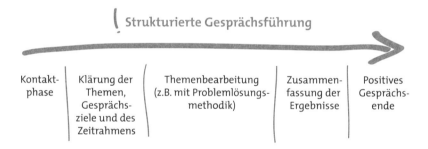

Abb. 1: Die fünf Gesprächsphasen

Kontaktphase

Diese Phase hilft Ihnen, in der Gesprächssituation zunächst einmal anzukommen und sich auf Ihren Gesprächspartner einzustellen. Kontaktrituale helfen hier, Unsicherheiten zu vermindern und eine entspannte Atmosphäre zu schaffen. Die freundliche Begrüßung, ein verbindlicher Beginn (*„Schön, dass es heute bei Ihnen mit dem Termin geklappt hat!"*), die Bitte, Platz zu nehmen, das Anbieten eines Getränks sind kleine Gesten, die zeigen, dass uns unser Gegenüber wichtig ist. Der übliche Smalltalk wie etwa die Frage nach dem gerade zurückliegenden Urlaub oder danach, wie es der Familie geht, hat darüber hinaus noch eine weitere Funktion: Die Antwort des Mitarbeiters, sein Tonfall, seine Körpersprache lassen oft Rückschlüsse darauf zu, ob der Mitarbeiter gerade positiv gestimmt ist oder ob ihn Dinge belasten.

Diesen Zweck erfüllt auch die Frage nach beruflichen Themen, die nichts mit dem anstehenden Gesprächsthema zu tun haben:

→ *„Sind Sie mit dem Verlauf der aktuellen Softwareimplementierung zufrieden?"*
oder:

→ *„Wie war eigentlich das neue Hotel, das Sie auf Ihrer letzten Dienstreise in München ausprobiert haben?"*

Eine partnerschaftliche Haltung des Vorgesetzten kann sich zu Gesprächsbeginn auch darin zeigen, selbst eine kurze unverfängliche persönliche Begebenheit zu erzählen. Dieser Auftakt des Vorgesetzten gibt dem Mitarbeiter Gelegenheit, sich auf das Gespräch einzustimmen, ohne selbst schon aktiv werden zu müssen.

Die Kontaktphase ist dann gelungen, wenn die Gesprächspartner sich einer positiven und aufnahmebereiten Stimmung vergewissern konnten. Ist dies geschehen, so hat sie ihren Zweck erfüllt und braucht nicht länger ausgedehnt zu werden.

Klärung der Themen, der Gesprächsziele und des Zeitrahmens

In dieser zweiten Gesprächsphase legen Sie die wesentlichen Eckpunkte des Gesprächs fest. Der Gesprächsinitiator bringt sein Anliegen vor.

→ *„Heute möchte ich von Ihnen gerne den Zwischenstand zur Präsentation im nächsten Monat bei der Firma Müller erfahren und klären, ob wir mit den Vorbereitungen noch in der Zeit liegen."*

Gegebenenfalls werden weitere Gesprächsthemen benannt. Es wird geklärt, in welcher Reihenfolge die Punkte der Agenda bearbeitet werden.

Hat die Führungskraft das Gespräch veranlasst, sollte sie ihr Gesprächsziel so konkret wie möglich formulieren: Bei gleicher Thematik vermittelt beispielsweise die Ankündigung ...

→ *„Heute möchte ich Ihre Sichtweise kennen lernen, wie Sie derzeit die Zufriedenheit unserer Kunden mit der Geschwindigkeit unserer Auftragsabwicklung erleben."*

... dem Gesprächspartner eine ganz andere Orientierung als die Ankündigung:

→ *„Heute möchte ich mit Ihnen konkrete Maßnahmen verabreden, durch die wir die Geschwindigkeit unserer Auftragsabwicklung deutlich erhöhen können."*

Wollen Sie das Problem mit dem Mitarbeiter genauer eingrenzen, möchten Sie Lösungsansätze suchen oder definitiv Maßnahmen verabreden?

Je genauer Sie zu Beginn die Zielsetzung vereinbaren, desto leichter können Sie an jedem Punkt des Gesprächs Einigkeit darüber erzielen, ob es noch in den richtigen Bahnen verläuft. In der Praxis lässt sich oft beobachten, dass die Gesprächspartner zunächst einmal beginnen, ihr Thema inhaltlich zu diskutieren und dann erst im Laufe der Unterredung feststellen, dass sie von verschiedenen Voraussetzungen ausgehen und verschiedene Zielperspektiven verfolgen. Oft ist dann schon ein Konflikt entstanden, und es wird schwierig, im Gespräch noch auf eine gemeinsame Linie einzuschwenken.

Auch sollten Sie in diesem Gesprächsschritt den Zeitrahmen für das Gespräch festlegen. Ist das Thema für ein einziges Gespräch zu umfassend, können Sie Folgetreffen ins Auge fassen, sodass das aktuelle Gespräch – etwa wenn ein Prozess der Ideenfindung angestoßen werden soll – vom Ergebnisdruck entlastet ist.

→ Praxistipp:

Erfahrungsgemäß wird der vermeintliche „Zeitverlust", der zu Beginn des Gesprächs durch eine präzise Klärung des Themen- und Zielhorizonts entsteht, im weiteren Verlauf weit mehr als kompensiert: Sie sparen Umwege und vermeiden manchen Widerstand, der oft allein aus Unklarheit und Unsicherheit bezüglich des Gesprächsrahmens entsteht.

Themenbearbeitung

Diese Phase nimmt natürlich den Hauptteil der Unterredung in Anspruch.
Wenn der Problemdruck sehr hoch ist – zum Beispiel in Konfliktsituationen –, trifft man in dieser Phase in vielen Gesprächen ein buntes Durcheinander von Aktivitäten der Gesprächspartner an, das Eskalationen wahrscheinlich macht.
Vorschläge werden gemacht:
> → *„Wir müssen unbedingt neues Personal einstellen!"*

Man probiert das Problem zu analysieren:
> → *„Meiner Meinung nach entstehen im Prozess der Auftragsabwicklung zu lange Bearbeitungspausen."*

Bewertungen werden vorgenommen:
> → *„Erhöhte Fixkosten durch die Neueinstellung von Personal können wir uns im Augenblick nicht leisten."*

Verteidigungsargumentationen werden aufgebaut:
> → *„Ich wüsste nicht, wie wir dem erhöhten Auftragseingang begegnen können, wenn nicht durch die Einstellung neuer Mitarbeiter."*

In dieser Gemengelage werden dann nach kurzer Zeit die ersten Angriffe auf persönlicher Ebene gestartet:
> → *„Sie haben sich wohl nicht die Zahlen des letzten Monats angesehen."*

Es geht nicht voran im Gespräch, stattdessen entstehen Unmut und Ärger. Daher empfiehlt es sich bei komplexeren Gesprächen dringend, in der Phase der eigentlichen Themenbearbeitung eine Problemlösungsmethodik zu nutzen:

! Fünf Schritte zur Problemlösung

1. Das Problem analysieren – Soll-Ist-Abgleich
2. Lösungsalternativen sammeln – Ideenfindung
3. Alternativen bewerten
4. Entscheidung treffen
5. Konkrete Maßnahmen vereinbaren

Der zentrale Gedanke beim Problemlösen ist die Trennung der Phase der Ideenfindung von derjenigen der Ideenbewertung. Denn werden Ideen, nachdem sie eingebracht wurden, sofort kritisch geprüft, ist der Fluss neuer Ideen oft stark gehemmt. Oft ist es sinnvoller, zunächst alle Ideen zu sammeln und erst dann zur Bewertung überzugehen.

Es gibt grundsätzlich zwei Vorgehensweisen für die Vereinbarung einer strukturierten Themenbearbeitung:

→ Erste Variante: Man bringt gleich zu Beginn der Diskussion einen Vorschlag zum methodischen Vorgehen ein und versucht, die Zustimmung des Gesprächspartners dazu zu erreichen.

→ Zweite Variante: Man lässt das Gespräch zunächst eine Weile unstrukturiert „laufen" und regt erst dann eine strukturierte Bearbeitung des Themas an, wenn Äußerungen, der Tonfall oder die Körpersprache des Gesprächspartners signalisieren, dass sich Unzufriedenheit mit dem chaotischen Verlauf der Diskussion einzustellen beginnt.

Zusammenfassung der Ergebnisse

Die wichtigsten Resultate sollten Sie als Vorgesetzter am Ende des Gesprächs nochmals kurz wiederholen – oder Sie bitten Ihren Mitarbeiter, dies zu tun. Hierzu gehört es auch, die nächsten konkreten Umsetzungsschritte zu verabreden.

Mit der Zusammenfassung der Gesprächsergebnisse können Sie den Gesprächserfolg wirksam unterstützen:

→ Die beschlossenen Maßnahmen werden von den Gesprächspartnern auf gleiche Weise verstanden.

→ Das nochmalige Festhalten der Resultate unterstützt die Handlungsorientierung: Es wird deutlich, dass dem Gespräch Taten folgen sollen.

→ Die Zusammenfassung macht bewusst, dass in dem Gespräch etwas geleistet wurde. Dies ist wichtig, da man Gesprächsergebnisse nicht anfassen, mit den Augen betrachten oder schmecken kann.

Positives Gesprächsende

Oft bleiben die Stimmung, in der ein Gespräch geführt wurde, und die emotionalen Botschaften, die die Teilnehmer aussandten, viel intensiver in Erinnerung als die diskutierten Sachinhalte.

Daher können Sie am Ende des Gesprächs Ihre Freude über den Gesprächsverlauf ausdrücken, um einen positiven Nachklang des Besprochenen zu unterstützen:

→ *„Unsere Diskussion heute habe ich als ungewöhnlich intensiv erlebt und ich habe den Eindruck, dass wir mit dem heutigen Gesprächsergebnis wesentliche erste Schritte zur Beschleunigung unserer Auftragsabwicklung definiert haben."*

Oder auch:

→ *„Ich bedanke mich bei Ihnen dafür, dass Sie die Themen, die Sie bewegen, heute so offen angesprochen haben. Dadurch konnte ich Ihre Lage genauer als bisher verstehen. Bei der Lösung des Problems werde ich Sie, soweit es mir möglich ist, unterstützen."*

Aber wie verhält es sich bei Gesprächen, in denen das behandelte Problem nicht gelöst werden konnte: bei festgefahrenen Diskussionen, bei Konflikten, in denen sich die Positionen nach wie vor unvermittelt gegenüberstehen? Hier sollten Sie, soweit Sie dies glaubwürdig vertreten können, dem Negativen das Positive abgewinnen:

→ *„Es hat sich heute gezeigt, dass einer Problemlösung zurzeit noch einige Hindernisse entgegenstehen. Was wir heute geleistet haben, ist eine, wie ich glaube, gute Analyse unserer augenblicklichen Lage. Auf diese Grundlage können wir im nächsten Gespräch weiter aufbauen."*

Oder:

→ *„Sie haben heute noch einmal offen Ihre Bedürfnisse angesprochen und gezeigt, wie wichtig Ihnen eine Änderung des augenblicklichen Zustandes ist. Dafür danke ich Ihnen. Wir sollten über die Argumente, die wir heute ausgetauscht haben, nochmals nachdenken und bald wieder miteinander sprechen, um zu sehen, an welchem Punkt wir uns treffen könnten. Wann wollen wir uns wieder treffen?"*

3.3 Themen und Beziehungen ausbalancieren: Die vier Gesprächsschichten

Gesprächsbeteiligte sind keine Maschinen, die algorithmisch Probleme abarbeiten, sondern Menschen mit ihren Bedürfnissen und Emotionen. Jede Äußerung hat ihren besonderen Tonfall, und auch der Körper spricht durch Mimik, Gestik und Blickkontakt. Gespräche entstehen auf der Basis einer Arbeitsbeziehung – die von den Gesprächsbeteiligten durchaus unterschiedlich gesehen werden kann und die sich im Laufe der Interaktion auch verändern kann. Dies alles deutet an, wie komplex Gesprächsdynamiken sind: Im Gespräch läuft vieles gleichzeitig ab.

Ein Hilfsmittel, das Verständnis und die Steuerung von Gesprächen zu erleichtern, ist das Modell der vier Gesprächsschichten (angelehnt an Rosenkranz 1990).

Inhalte
Sachaspekte, Aufgabenorientierung,
rationale Argumentation, Fachkompetenz

Prozedere
Geschäftsordnung, Spielregeln, Strukturierung des
Gesprächs, Methodik der Themenbearbeitung

Beziehungen und Gefühle
Nähe – Distanz, Sympathie – Antipathie,
partnerschaftliches Rollenverständnis –
hierarchisches Rollenverständnis

Bedürfnisse, Antriebe, Visionen
Werte, Unbewusstes, „innerer Pfad",
persönliche Ziele

Abb. 2: Die vier Gesprächsschichten

Erste Schicht: Inhalte

Wir führen Mitarbeitergespräche, um Aufgaben zu bewältigen, die sich die Organisation gestellt hat. Wir wollen für Kunden Produkte herstellen, Dienstleistungen erbringen; wir wollen unsere Produkte verkaufen. Darum geht es. Gespräche sind Hilfsmittel, dies zu erreichen. Was ist unser Fachthema? Welches Problem müssen wir lösen? Im Bereich der Sachthemen sind wir in der Regel sehr gut verankert. Unsere Ausbildungen haben uns zu Fachleuten gemacht. Analytisch durchdringen wir die Probleme in Forschung und Entwicklung, im Produktionsablauf und so weiter. Und wir beurteilen: Stimmt das, was unser Gesprächspartner da sagt? – Fachkompetenz ist nicht alles, aber ohne Fachkompetenz ist alles nichts.

In Mitarbeitergesprächen wird der Bereich des Fachlichen zumeist – zu Recht und verständlicherweise – sehr stark fokussiert:

→ *„Wir wollen doch sachlich bleiben."*
→ *„Lassen Sie uns zum Thema zurückkehren."*

Solche Sätze sind Ausdruck dieser Tendenz. Manchmal führt die alleinige Konzentration auf das Sachthema allerdings dazu, dass man für andere Vorgänge im Gespräch blind wird, etwa wenn man sich in einer Detaildiskussion so sehr verzettelt, dass nicht mehr genug Zeit bleibt, um die Gesamtthematik zu besprechen, oder wenn man nicht wahrnimmt, dass sich bei einem Gesprächspartner im Laufe der Diskussion ein emotionaler Widerstand gebildet hat, wodurch das Gesprächsklima und damit das Erreichen des Gesprächsziels massiv gefährdet wird.

Zweite Schicht: Das Prozedere

Auf der Prozedere-Ebene geht es darum, wie das Gespräch abläuft und wie die Rahmenbedingungen gesetzt sind. Nicht *worüber* gesprochen wird, sondern *wie* darüber gesprochen wird, ist Gegenstand dieser Ebene. Man nennt diese Ebene auch die Geschäftsordnungsebene oder die Ebene der Steuerung.

Manche Führungskräfte neigen bei sehr wichtigen Themen dazu, mit der Tür ins Haus zu fallen. Sie bringen gegenüber Mitarbeitern Vorschläge, oft auch Korrekturen ein, bevor überhaupt Einigkeit über die Einschätzung der Situation besteht. Mitarbeiter und Führungskraft reden dann leicht aneinander vorbei. In anderen Gesprächen wird behaglich über dieses und jenes gesprochen. Aber was folgt eigentlich aus diesem Gespräch? Wer tut anschließend eigentlich was? Unzufriedenheit entsteht, weil sich niemand für die Ergebnisse und deren Umsetzung verantwortlich fühlt.

Fragen, die die Gesprächspartner klären sollten, damit sie ihre Zeit produktiv nutzen, sind daher:

→ *Mit welchem Ziel diskutieren wir hier eigentlich?*
→ *Wer entscheidet hier was?*
→ *Welche Themen gehören heute hierher und welche nicht?*
→ *In welcher Reihenfolge gehen wir vor?*
→ *Wer hält die Ergebnisse fest?*
→ *Welchen Raum erlauben wir Exkursen im Gespräch?*
→ *Wie lauten genau unsere Vereinbarungen, an denen wir uns später messen können?*

Verantwortlich für die Struktur des Gesprächs und dafür, dass die „Geschäftsord-nung" eingehalten wird, ist im Mitarbeitergespräch die Führungskraft. Vor allem in der Phase der Themenklärung und der Zusammenfassung können Sie entsprechende Steuerungsimpulse setzen, aber auch in der Phase der Themenbearbeitung ist Steu-erung immer wieder wichtig, z.B. um im Zeitbudget zu bleiben und Ablenkungen vom Thema wieder einzufangen.

Dritte Schicht: Beziehungen und Gefühle

Immer wenn wir mit anderen Menschen zusammentreffen, nehmen wir Beziehun-gen zu ihnen auf: Beziehungen der Nähe und Sympathie, Beziehungen der Feind-schaft oder auch solche der Neutralität und Distanz. Eine Nicht-Beziehung gewisser-maßen als neutrale Leerstelle gibt es nicht. Kontaktlosigkeit und Distanz werden von Mitarbeitern meist als Negativ-Beziehung, als Ablehnung und Desinteresse gedeu-tet. Echos auf diese Haltung sind Aussagen wie:
→ *„Die da oben interessieren sich nicht für uns."* Oder:
→ *„Uns fragt ja keiner."* Oder auch:
→ *„Der kommt nur, wenn er etwas von uns will."*
Führungskräfte, die sehr unpersönlich sind, werden oft ihrerseits von Mitarbeitern nicht angesprochen, wenn diese wichtige Anliegen haben. Die Kommunikation bleibt oberflächlich mit dem Ergebnis, dass distanzierte Führungskräfte weniger Informati-onen erhalten als beziehungsstarke Vorgesetzte.

WENN SIE DIE GEFÜHLS- UND BEZIEHUNGSBOTSCHAFTEN ANDERER WAHRNEH-MEN UND IHRE EIGENEN GEFÜHLE UND INTUITIONEN IN KLÄRUNGSPROZESSEN ANGEMESSEN ZUM AUSDRUCK BRINGEN KÖNNEN, VERBESSERN SIE DIE QUALITÄT DER GESPRÄCHSRESULTATE UND SIE VERSTÄRKEN DIE BINDUNG DER MITARBEITER AN DAS UNTERNEHMEN.

Vierte Schicht: Individuelle Bedürfnisse, Antriebe und Visionen

Immer haben wir unseren Rucksack an Erfahrungen dabei: Erinnerungen an Erlebnis-se der Vergangenheit, empfangene Unterstützung, erlittene Verletzungen, unsere Werte, die Glücksbilder unserer Zukunft wirken in unsere Handlungen ein und prä-gen unser Verhalten gegenüber anderen Menschen – auch in Mitarbeitergesprächen. Warum haben wir uns für einen bestimmten Beruf entschieden? Warum arbeiten wir genau in dieser Organisation und nicht in einer anderen? Warum finden wir manche Herausforderungen reizvoll, manche überhaupt nicht? Warum haben wir zu einigen Kollegen und Mitarbeitern sehr guten, zu anderen überhaupt keinen Kontakt?

Die Antworten auf solche Fragen liegen oft in unserer Persönlichkeit und unserer Biografie begründet. Manche unserer Beweggründe mögen uns dabei selbst nicht bewusst sein. Andere persönliche Aspekte sind uns zwar sehr wohl bewusst, über sie möchten wir im Mitarbeitergespräch jedoch nicht berichten, etwa wenn wir beab-sichtigen, das Unternehmen zu wechseln. Wir schweigen, damit uns der Gesprächs-partner nicht schon jetzt als Aktivposten in seiner Abteilung ‚abschreibt'.

Die Schicht unserer ureigenen Antriebe, Werte und Visionen ist im Mitarbeiterge-spräch am schwersten zugänglich. Und dies ist auch gut so, führen wir doch ein beruf-liches, durch eine Vertragsbeziehung begründetes Gespräch miteinander. Können und sollten wir jemals erfahren, was im anderen (wirklich) vorgeht? Allgemein gilt jedoch: Je offener man die eigenen Beweggründe darlegen kann und je mehr man über die inneren Beweggründe des anderen – zum Beispiel durch Fragen – erfahren kann, desto mehr Anknüpfungspunkte ergeben sich für eine konstruktive Gesprächs-führung.

BESTIMMEN SIE DAS MASS IHRER OFFENHEIT JE NACH SITUATION, VERMEIDEN SIE ES, IHREN GESPRÄCHSPARTNER ZU ÜBERFORDERN, BLEIBEN SIE DISKRET UND RESPEKTIEREN SIE DIE PRIVATSPHÄRE IHRES GEGENÜBERS.

Wenn in der Kommunikation die Ebene persönlicher Motive, Werte und Visionen an-gesprochen ist, ist viel Fingerspitzengefühl angebracht!

 Checkliste: So gelingen Mitarbeitergespräche

✓ Auf der Sachebene drücken sich die Gesprächspartner verständ-lich aus. Ihre Beiträge entsprechen der Wahrheit.

✓ Auf der Prozedere-Ebene sind den Gesprächspartnern das Ziel und der augenblickliche Gesprächsstand zu jeder Zeit transpa-rent. Das Gespräch folgt eindeutigen Spielregeln. Die Gespräch-beiträge sind für das Thema relevant.

✓ Auf der Ebene der Beziehungen und Gefühle sind Zuwendung und Vertrauen spürbar. Die Gesprächspartner gehen wohlwollend miteinander um.

✓ Die individuellen Bedürfnisse und Visionen der Gesprächsteilneh-mer werden, soweit sie bekannt sind, respektiert. Die Individuali-tät der Gesprächspartner wird akzeptiert und die Balance von Of-fenheit und Diskretion ist stimmig.

Reflexion

Thema: Beziehungsebene – Ebene der Visionen

Hier sind Sie eingeladen, Ihre Vorgesetzte / Ihren Vorgesetzten bzw. eine wichtige Mitarbeiterin / einen wichtigen Mitarbeiter vor Ihr inneres Auge treten zu lassen.

→ Wie würden Sie die Arbeitsbeziehung zu dieser Person beschreiben?

→ Wie stehen Sie dieser Person gegenüber?

→ Wie, glauben Sie, steht diese Person Ihnen gebenüber?

→ Welches sind Ihre beruflichen und persönlichen Visionen und Ziele?

→ Welche dieser Visionen haben Sie dieser Person mitgeteilt?

→ Aus welchen Gründen haben Sie Ihre (oder Teile Ihrer) Visionen mitgeteilt / nicht mitgeteilt?

→ Von welchen Visionen der von Ihnen vorgestellten Person wissen Sie?

→ Welches könnten weitere Visionen dieser Person sein?

→ Welche Themen sind in der Arbeitsbeziehung besprechbar und welche Themen sollten eher nicht angesprochen werden?

3.4 Wichtige Kommunikationstechniken nutzen

Auf den Punkt gebracht: Tun Sie Dinge, die das Gespräch erleichtern, und vermeiden Sie Dinge, die es behindern. Die folgende Übersicht bietet als kleine Vorschau auf das folgende Methodenkapitel eine Gegenüberstellung gesprächshemmender und gesprächsfördernder Aktivitäten:

Gesprächsstörer vermeiden	→	Gesprächsförderer nutzen
Monologisieren	→	Auf ausgewogene Gesprächsanteile achten
Ungebetene Ratschläge geben	→	Gesprächspartner nach eigenen Ideen fragen
Gesprächspartner unterbrechen	→	Aktiv zuhören, ausreden lassen
Ausfragen	→	Sich selbst einbringen, Denkanstöße geben; sich interessieren und nachfragen, ohne zu verhören
Drohen, Befehlen	→	Argumentieren, Kompromisse suchen
Überreden	→	Zeit zum Nachdenken geben

Ironisieren, lächerlich machen, Gesprächspartner abwerten	→	Wertschätzung zeigen, Anerkennung ausdrücken
Auf alten Geschichten herumreiten	→	Lösungs- und zukunftsorientiert kommunizieren
Harmonisieren um jeden Preis (*„Friede, Freude, Eierkuchen"*)	→	Schwierige Sachverhalte auf den Punkt bringen
Stimmungen ignorieren	→	Auf Stimmungen und nonverbale Signale achten

3.4.1 Dreimal „Zuhören"

Viele Führungskräfte reden in Mitarbeitergesprächen einfach zu viel. Ihr Gesprächsanteil beträgt oft 70 oder gar 90 Prozent der gesamten Gesprächszeit. Im besten Fall führt dies den Mitarbeiter in eine Konsumhaltung hinein und er lässt das ‚Gespräch' wie eine Fernsehsendung klaglos über sich ergehen – im schlimmeren Fall wird der Mitarbeiter unwillig, weil seine Kompetenz und seine Ideen nicht zum Zuge kommen; er steigt innerlich aus dem Gespräch aus oder holt – nicht selten zur Überraschung des Vorgesetzten – zum Gegenschlag aus und macht seinem Unmut Luft.

> Zuhören ist eine der besten Methoden, den Gesprächspartner zu aktivieren und einen Zustand zu fördern, in dem er Ideen hervorbringen kann.

Man unterscheidet je nach Intensität drei Stufen des Zuhörens: Engagiertes Zuhören, Paraphrasieren und Spiegeln. Zuhören ist dabei ganz und gar nichts Passives, und es heißt, wie die zweite und dritte Stufe zeigen werden, auch nicht nur zu schweigen.

Erste Stufe: Engagiertes Zuhören

Engagiert zuzuhören bedeutet: Sie schenken Ihrem Gesprächspartner Ihre volle Aufmerksamkeit.

! Wichtige Aspekte beim engagierten Zuhören

→ Genügend Zeit zur Verfügung stellen

→ Sich voll auf den Gesprächspartner konzentrieren

→ Positiven Blickkontakt halten, ohne das Gegenüber anzustarren

→ Beispielsweise durch hin und wieder eingestreutes leichtes Kopfnicken unterstützende Haltung signalisieren

→ Durch Bestätigungslaute wie *„Hm", „Ja"* zum Weitersprechen ermuntern

→ Anteilnahme zeigen durch Äußerungen wie *„Erzählen Sie ... "*; *„Das interessiert mich."*

→ Sich in die Lage des Gesprächspartners hineinversetzen, sich seine Argumente bildlich vorstellen

→ Unvoreingenommen sein, keine Bewertungen vornehmen (gut – schlecht, effektiv – uneffektiv u.Ä.)

→ Den Gesprächspartner ausreden lassen

→ Pausen aushalten

Sie sollten grundsätzlich immer engagiert zuhören und der Versuchung widerstehen, bereits den eigenen nächsten Gesprächsbeitrag zu planen, während Ihr Gegenüber noch spricht. Engagiert zuzuhören bedeutet, den Gesprächspartner wichtig zu nehmen. Gerade das Aushalten von Pausen (allerdings nicht so lange, dass eine peinliche Stille entsteht!) führt oft dazu, dass sich der Sprechende öffnet und im Nachsatz bisher noch nicht genannte wichtige Dinge anspricht, die ihn beschäftigen.

Zweite Stufe: Paraphrasieren

Paraphrasieren bedeutet: Sie wiederholen mit eigenen Worten, was Ihr Gesprächspartner gesagt hat: seine Informationen, Argumente, Einschätzungen. So können Sie überprüfen, ob Sie den Gedanken Ihres Gesprächspartners wirklich verstanden haben. Die Konzentration auf den Gesprächspartner wird dadurch intensiviert.

Die Technik verlangt einige Übung; anfangs werden Sie vielleicht überrascht sein, wie schwer es ist, eine Partneräußerung vollständig und richtig wiederzugeben.

! Wichtige Aspekte beim Paraphrasieren

→ Die Zusammenfassung angemessen gestalten (die Wiederholung des Beitrags sollte nicht zu lang gestaltet werden, sondern den Gedanken des Gesprächspartners komprimiert auf den Punkt zu bringen)

→ Eine Korrektur der eigenen Wiederholung durch den Gesprächspartner ermöglichen, z.B. durch Formulierungen wie: *„Wenn ich Sie richtig verstanden habe ... "* oder *„Habe ich Sie richtig verstanden, Sie sind der Ansicht, dass ... "*

→ (Negative) Bewertungen und Ironie vermeiden, wie etwa: *„Sie sind doch nicht etwa ernsthaft der Meinung, dass ... "*

→ Die Wiederholung der Äußerung des Gesprächspartners ist dann gelungen, wenn dieser – durch Worte oder körpersprachliche Signale – Zustimmung zeigt.

Paraphrasieren: Beispiel

Die Abteilungsleiterin fragt einen ihrer Teamleiter, wie weit er mit dem Innovationsvorschlag sei, an dem er schon seit Wochen in seiner Freizeit arbeite. Sie erhält folgende Antwort:

„Ich glaube, mit meiner Idee stoße ich in unserer Firma nur auf Widerstände. Außerdem bekommt unsere kleine Tochter gerade Zähne, sodass die Nächte gerade ziemlich unruhig sind. Ich weiß auch gar nicht, ob sich in der derzeitigen Umstrukturierung überhaupt noch jemand für meinen Vorschlag zur Prozessbeschleunigung interessiert. Ich muss mal schauen, wie es mit meiner Ausarbeitung weitergeht.“

Die Abteilungsleiterin lässt dieses Statement so stehen und wechselt das Thema.

Tags darauf berichtet die Abteilungsleiterin beim Mittagessen einem Kollegen, dass der Teamleiter seinen Vorschlag möglicherweise nicht einreichen werde. Der Teamleiter erfährt von der Äußerung seiner Chefin und sucht ärgerlich das Gespräch mit ihr: Natürlich werde er seinen Vorschlag präsentieren, er werde doch die Arbeit von Wochen nicht einfach in den Müll werfen. Selbstverständlich werde er das Projekt in absehbarer Zeit abschließen – wenn auch nicht ganz so schnell wie geplant.

Das Missverständnis hätte sich vermutlich vermeiden lassen, wenn die Vorgesetzte dem Mitarbeiter im Gespräch unmittelbar eine Rückmeldung darüber gegeben hätte, wie die Botschaft bei ihr angekommen ist:

„Es stehen Ihrer Ausarbeitung also gerade einige gravierende Hindernisse im Weg, sodass es derzeit mit dem Innovationsvorschlag nicht vorangeht. Habe ich Sie richtig verstanden, dass Sie überlegen, das Projekt abzubrechen?“

Das Rückmelden von Partneräußerungen ist unter anderem dann sinnvoll, wenn Sie sich fachlich in dem Thema, um das es gerade geht, nicht gut auskennen. Das Wiederholen des Gedankengangs des anderen hilft, die eigene Verstehensfähigkeit zu überprüfen. Wenn sich der Gesprächspartner unklar oder weitschweifig ausdrückt, unterstützt das Paraphrasieren dessen Selbstklärungsprozess und es konzentriert das Gespräch auf die relevanten Aspekte.

Das Rückmelden der Partneräußerung hilft auch in Konfliktsituationen. Bei Meinungsverschiedenheiten tendieren die Beteiligten dazu, ihren eigenen Standpunkt immer vehementer zu verteidigen und die Suche nach Ansätzen für Kompromisse oder Konsenslösungen zu vernachlässigen. Das Gespräch beschleunigt und verhärtet sich. Durch Paraphrasieren können eigene Emotionen kontrolliert und die Sichtweise des Gesprächspartners in die eigenen Überlegungen mit einbezogen werden.

Dritte Stufe: Spiegeln

Spiegeln wird auch als das „Verbalisieren emotionaler Erlebnisinhalte" bezeichnet. Dabei wiederholen Sie wie beim Paraphrasieren die Äußerung Ihres Gesprächspartners. Außerdem geben Sie die Empfindungen Ihres Gesprächspartners, so wie sie bei Ihnen ankommen, wieder.

Im Verhältnis von Führungskraft und Mitarbeiter sind Gefühle zwar oft tabuisiert; in vielen Gesprächen spielen Emotionen dennoch eine wichtige Rolle, gerade dann, wenn Probleme zu lösen, Krisen zu bewältigen oder Konflikte zu bereinigen sind. Emotionen schwingen in diesen Gesprächen mit: Es werden verdeckte Botschaften gesendet, die uns sagen sollen: „So geht es mir."

Die Klangfarbe der Stimme, das Sprechtempo, die Atmung, Körperbewegungen, das Spiel der Gesichtszüge, die Qualität des Blicks geben uns Hinweise auf die Befindlichkeit des Sprechers. Spiegeln bedeutet, dass wir diese Anzeichen aufnehmen und dem Sprecher unsere Deutung mitteilen.

Ein Beispiel:
→ A: „Wie geht es Ihnen heute?"
   B: „Ach, ist schon o.k, nichts Besonderes, alles wie immer."
   (B wirkt anders als sonst, bedrückt; die Stimme klingt niedergeschlagen)
→ A (spiegelt): „Sie sagen, es ist o.k., aber es klingt, als sei etwas gar nicht o.k."
→ B hat nun die Möglichkeit zu sagen, ob etwas und gegebenenfalls was ihn belastet; B hat aber auch die Freiheit, die gespiegelte emotionale Botschaft zurückzuweisen:
   „Nein, läuft wirklich alles sehr gut bei mir."
   (Hier sollte die Führungskraft dann nicht weiter insistieren.)

?   **Übung: Spiegeln**

Aussage des Mitarbeiters	Gespiegelte Äußerung
1. „Die jungen Leute identifizieren sich nicht mit dem Unternehmen. Wenn es eng wird, bleibt die Arbeit an mir hängen."	_____ _____ _____
2. „Ich weiß nicht mehr, wie ich den Auslieferungstermin für die neue Maschine halten soll. Die technischen Schwierigkeiten haben wir noch nicht im Griff und der Kunde ist schon ganz aufgebracht."	_____ _____ _____
3. „Ich will nicht ausschließen, dass wir in diese Richtung weiterdenken sollten."	_____ _____

(Einen Lösungsvorschlag finden Sie in Kap. 5, „Lösungen")

! **Wichtige Aspekte beim Spiegeln**

→ Seien Sie sensibel und zeigen Sie Takt, wenn Sie mögliche Gefühle des Gesprächspartners ansprechen; finden Sie heraus, ob er bereit ist, über seine Empfindungen zu sprechen. Spiegeln Sie nur, wenn Ihr Gesprächspartner offen dafür ist, seine Gefühle zu thematisieren.

→ Machen Sie deutlich, dass es sich bei Ihrem Gefühlseindruck lediglich um Ihre persönliche Wahrnehmung handelt und dass Sie damit keinen Wahrheitsanspruch anmelden.

→ Nutzen Sie abfedernde Formulierungen wie
„Dies hört sich an, als wären Sie …"
„Ich habe den Eindruck …"
„Es kommt mir so vor, als …"
oder verwenden Sie Fragen wie
„Könnte es sein, dass Sie …"

→ Vermeiden Sie Überinterpretationen und „psychologische Diagnosen".

Spiegeln ist vor allem in Beratungssituationen hilfreich. Es kann mit Erfolg angewandt werden, wenn im Gespräch deutlich wird, dass ein Thema nicht nur durch Fakten, sondern auch durch Befindlichkeiten geprägt ist. Spiegeln hilft dem Gesprächspartner, seine Emotion als wichtige Ressource mit in den Prozess der Problemlösung einzubringen.

3.4.2 Lösungsorientiert fragen

Viele für das Unternehmen wichtige Informationen entstehen und erscheinen nicht auf den oberen hierarchischen Steuerungsebenen, sondern im unmittelbaren Prozess der Wertschöpfung, nämlich da, wo entwickelt, produziert, vermarktet und verkauft wird: Dort werden Ideen generiert, Prozesse optimiert, dort äußern sich Lieferanten und Kunden, dort entstehen die kleinen und großen Konflikte des Alltags. Kurzum: Informationen entstehen vor allem dort, wo Ihre Mitarbeiter aktiv sind, nicht dort, wo Sie als Führungskraft tätig sind.

SIE KÖNNEN NICHT DAVON AUSGEHEN, DASS ALLE RELEVANTEN INFORMATIONEN SIE VON ALLEIN EREILEN UND AUCH NICHT DAVON, DASS SIE ALLES WICHTIGE SCHON WISSEN. DAHER SOLLTEN SIE SICH AKTIV UM INFORMATIONEN BEMÜHEN.

Das wichtigste Werkzeug hierfür sind Fragen. Zudem sind Fragen die beste Möglichkeit, Ihren Gesprächspartner zum Nachdenken einzuladen, damit er für seine Anliegen und Themen selbst Lösungen findet – anstatt die Lösungen von Ihnen geliefert zu bekommen.

Fragen helfen Ihnen,

→ die Wissensbasis für Problemlösungen zu erhöhen,
→ neue Sichtweisen und Ideen kennen zu lernen und hervorzubringen,
→ Ihren Gesprächspartner zu aktivieren,
→ das Gespräch zu steuern,
→ den Kontakt im Gespräch zu intensivieren,
→ Ihren Gesprächspartner anzuerkennen und zu motivieren.

Fragedramaturgie

Fassen Sie im Gespräch zunächst fokussiert Thema, Anliegen und Ziel ins Auge. Erkunden Sie dann kontextbezogen die augenblickliche Lage. Hierbei können Sie auch die subjektiven Aspekte des Themas wie Einschätzungen und Empfindungen beleuchten. Danach erfragen Sie Wünsche an eine mögliche Lösung und Zielsetzungen. Schließlich fokussieren Sie wieder Thema und Anliegen: Sie eruieren Lösungsmöglichkeiten und wählen die beste aus.

Sie können sich diese Frageabfolge vom Engen zum Weiten und wieder zurück zum Engen bildlich wie einen Krug vorstellen. Der Hals steht für Anliegen und Zielstellung. Der Bauch steht für die breitere Analyse der Lage und für wünschenswerte Zukunftsbilder. Der verjüngte Fuß steht für die konkreten Lösungen und Maßnahmen.

Abb. 3: Fragekrug: Abfolge von Fragen im Gespräch vom Fokus zum erweiterten Kontext und wieder zurück zum Fokus

Auf der Grundlage des Krug-Modells finden Sie hier eine Beschreibung wichtiger Frageformen, die sich für den Einsatz in Mitarbeitergesprächen eignen.

- Fragen nach dem Thema, Anliegen und Gesprächsziel

Mit diesen Fragen orientieren Sie Ihren Gesprächspartner nach dem Warm-up auf das Thema und das Ziel hin:

→ *„Worum sollte es in unserem heutigen Gespräch gehen?"*
→ *„Was ist Ihr Anliegen?"*
→ *„Was kann ich für Sie tun?"*
→ *„Was wäre aus Ihrer Sicht das Ziel unseres Gesprächs?"*

- Fragen zur Situation

Mithilfe dieser Fragen erkunden Sie Fakten, Daten und Vorfälle, sodass Sie sich ein Bild von der Lage machen können.

→ *„Was ist bei dem Unfall geschehen?"*
→ *„Welche Kosten hat der Lieferverzug verursacht?"*
→ *„Wann haben Sie von der Krankheit des Kollegen erfahren?"*
→ *„An welche Gehaltssteigerung haben Sie gedacht?"*
→ *„Haben Sie Zeit, den Termin wahrzunehmen?"*

Oft wird über Probleme in sehr vager Form gesprochen, sodass man kaum auf eine Handlungsebene gelangt. Beispiel: *„Der Kollege XY ist nicht bereit, mit mir zusammenzuarbeiten."* Klärungs- und Konkretisierungsfragen – eine Variante der Fragen nach Fakten – helfen hier, ein schärferes Bild zu zeichnen:

→ *„Was tut / sagt Ihr Kollege genau, wenn er Ihnen seine Unterstützung verweigert?"*
→ *„Woran haben Sie erkannt, dass der Kunde unzufrieden war?"*
→ *„Wie haben sich die Kollegen verhalten, als Sie Ihren Ärger vorgebracht haben, mit welchen Worten haben sie reagiert?"*
→ *„Was haben Sie als Erstes getan, als Sie diese Unregelmäßigkeit entdeckten?"*

- Fragen nach dem Kontext und nach Auswirkungen

Diese Fragen helfen, wechselseitige Abhängigkeiten zu entdecken, denn Probleme lassen sich meist nicht isoliert von Umfeldfaktoren betrachten.

→ *„Wann und unter welchen Bedingungen tritt das Problem auf?"*
→ *„Von wem in Ihrer Abteilung hängt der Erfolg des Projektes noch ab?"*
→ *„Wer weiß von Ihrem Wunsch, die Abteilung zu wechseln?"*
→ *„Wie steht, wenn ich fragen darf, Ihre Partnerin / Ihr Partner dazu?"*
→ *„Welche Auswirkung hat Ihr Verhalten auf das Team?"*
→ *„Für wen ist das Problem größer, für unsere Firma oder für unseren Lieferanten?"*

Eine spezielle Ausprägung der Kontextfragen sind Fragen nach informeller Kommunikation. Durch sie fokussieren Sie die Gerüchte, Kraftfelder und Tabus, die in jeder Organisation existieren. In informeller Kommunikation manifestieren sich oft die grundlegenden Bedürfnisse und Ängste der beteiligten Personen – die deren Handlungen letztlich steuern. Daher lohnt es nicht selten, mittels Fragen eine vertiefte Reflexion der Situation zu ermöglichen.

→ *„Wie ist die Stimmung in Ihrer Abteilung?"*
→ *„Wie wird über die Unternehmensberater geredet?"*
→ *„Gibt es Gerüchte darüber, wie es weitergehen wird?"*
→ *„Gibt es Dinge, die man in Ihrer Abteilung besser nicht anspricht?"*

- Fragen nach Erklärungen, Einschätzungen und Empfindungen

Hier wird der Blick von den äußeren Gegebenheiten zur Innenwelt des Gesprächspartners hinübergelenkt. Wie stellt sich sein persönliches Erleben dar, welche Kausalitäten sieht er und mit welchen Gefühlen reagiert er auf die Lage?

→ *„Wie erklären Sie sich, dass der Konflikt so schnell eskaliert ist?"*
→ *„Was ist Ihrer Meinung nach die Ursache dafür, dass Ihre Kollegen Sie so sehr schätzen?"*
→ *„Wie sehen Sie unsere Chancen, den Auftrag zu bekommen?"*
→ *„Wie haben Sie sich gefühlt, als Sie erfuhren, dass Ihnen der Auslandsaufenthalt verweigert wird?"*
→ *„Welche Bedeutung hat dieses Thema für Sie?"*

- Fragen nach Beziehungen

Oft liegen Sachproblemen Störungen in der zwischenmenschlichen Beziehung zu Grunde; umgekehrt beeinträchtigen Sachprobleme oft den persönlichen Kontakt der handelnden Personen. Fragen nach Beziehungen sind oft besonders dann hilfreich, wenn bestimmte Probleme im Team immer wieder auftauchen.

→ *„Wie stehen Sie zueinander?"*
→ *„Wie hat sich Ihr Kontakt seit diesem Vorfall verändert?"*
→ *„Wie würden Sie die Qualität Ihrer Zusammenarbeit beschreiben?"*
→ *„Behandelt Ihr Kollege Sie als gleichwertig?"*

- Fragen nach der Zukunft, nach Wünschen und Zielzuständen

Vielfach haben Gesprächspartner über den zukünftigen Verlauf von Dynamiken noch nicht explizit nachgedacht und ihnen ist auch nicht klar, welchen Zustand sie eigentlich anstreben. Fragen nach der Zukunft und nach Wünschen sind daher oft ein entscheidender Klärungsimpuls.

→ *„Wie wird sich die Zusammenarbeit mit den Kunden Ihrer Meinung nach in den nächsten Jahren entwickeln?"*
→ *„Welche Aufgaben sehen Sie in den nächsten Monaten auf sich zukommen?"*
→ *„Wie sehen Sie Ihre zukünftige Rolle im Team?"*
→ *„Welche Themen werden in ein, zwei Jahren wichtig für Sie sein?"*
→ *„Welche Ihrer Fähigkeiten würden Sie zukünftig gern stärker an Ihrem Arbeitsplatz nutzen?"*

- Fragen nach möglichen Lösungen

Lösungsfragen aktivieren Ihren Gesprächspartner. Sie basieren auf der Haltung, dass der Hilfe Suchende am besten selbst die Lösung seiner Probleme erarbeiten kann und dass er selbst gefundene Lösungen auch am engagiertesten und leichtesten umsetzt.

→ *„Haben Sie bereits Ideen, wie Sie das Problem lösen möchten?"*

→ *„Welche Alternativen haben Sie gefunden?"*

Eine Hilfe auf dem Weg zur Lösungsfindung sind hypothetische Fragen. Durch sie kann man vorwegnehmen, wie sich die Situation darstellen könnte, wenn das Problem gelöst ist. – Danach könnten Sie dann Schritte besprechen, wie Sie diesen Zustand konkret erreichen können.

→ *„Angenommen, Sie würden mit Ihrem Kollegen über den Konflikt sprechen, was würde dann geschehen?"*

→ *„Stellen Sie sich vor, das Problem wäre gelöst, wie würde sich Ihre Zusammenarbeit dann gestalten?"*

Fragen, aber richtig

→ Formulieren Sie Ihre Fragen wertneutral.

→ Formulieren Sie Ihre Fragen in klaren, einfachen Worten.

→ Begründen Sie bei ungewöhnlichen Fragen, warum Sie fragen.

→ Machen Sie eine Pause, wenn Sie etwas gefragt haben; lassen Sie Ihrem Partner Zeit zum Nachdenken.

→ Stellen Sie nicht mehrere Fragen auf einmal.

→ Fragen Sie, ohne auszufragen: Reichern Sie Fragen durch Informationen und persönliche Einschätzungen an, damit Ihr Gesprächspartner sich nicht verhört fühlt.

? Übung: Fragemethodik

Ein Mitarbeiter oder ein Kollege bittet Sie um ein unterstützendes Gespräch. Er fühlt sich von einem Kollegen im eigenen Team geschnitten und an den Rand gestellt. Mit welchen Fragen würden Sie die Situation erkunden und versuchen, zur Lösung beizutragen?

Bitte finden Sie für jede Frageform ein Beispiel:

→ Frage nach dem Thema, Anliegen und Gesprächsziel:

→ Frage zur Situation:

→ Frage nach dem Kontext und
nach Auswirkungen: _____

→ Frage nach Erklärungen,
Einschätzungen und
Empfindungen: _____

→ Frage nach
Beziehungen: _____

→ Frage nach der Zukunft, Wünschen und Zielzuständen: _____

→ Frage nach möglichen
Lösungen: _____

3.4.3 Verständlich informieren

Als Führungskraft besitzen Sie oft einen Informationsvorsprung und Sie kommen gar nicht umhin, dem Mitarbeiter im Gespräch wichtige Fakten zu liefern, damit er mit Ihnen „auf Ballhöhe" diskutieren kann. Welche Entwicklungen im Unternehmen sind im Augenblick relevant für unseren Arbeitsbereich? Welche wichtigen Entscheidungen hat das Management gerade getroffen? Gut informierte Mitarbeiter fühlen sich sicherer und arbeiten produktiver als schlecht informierte, da sie weniger genötigt sind, Fantasien darüber zu produzieren, was hinter den Kulissen des Unternehmensalltags geschieht. – Fantasien zu produzieren kostet Energie, die der Arbeit dann nicht mehr zur Verfügung steht.

Auch bei konkreten Führungstätigkeiten, wie z.B. beim Delegieren einer Aufgabe, ist es entscheidend, dass der Vorgesetzte die relevanten Informationen so „rüberbringt", dass der Mitarbeiter sie ohne Missverständnis aufnehmen und die Aufgabe im gewünschten Sinne erledigen kann.

! Tipps für partnerbezogenes Informieren

→ Informieren Sie knapp und präzise; lange Monologe machen den Gesprächspartner passiv und erzeugen Unwillen.

→ Holen Sie Ihren Gesprächspartner da ab, wo er sich gerade befindet. Was weiß er schon? Welche Informationen braucht er, und was interessiert ihn?

→ Aber holen Sie nicht zu lange aus: Das Wichtigste gehört an den Anfang.

→ Machen Sie Ihre Informationen durch Beispiele anschaulich.

→ Bringen Sie sich persönlich ein und sagen Sie, welche Bedeutung die Information für Sie besitzt.

→ Ermuntern Sie Ihr Gegenüber zu Rückfragen.

→ Bei wichtigen Sachverhalten oder Anweisungen bitten Sie Ihren Gesprächspartner, wiederzugeben, wie die Informationen bei ihm angekommen sind und was er von ihnen aufgenommen hat. Übernehmen Sie die Verantwortung für einen möglicherweise misslungenen Kommunikationsvorgang.

Beispiel: *„Ich bin nicht sicher, ob ich Ihnen die Reihenfolge der Bedienungsschritte verständlich genug vermittelt habe. Könnten Sie noch einmal zusammenfassen, was bisher bei Ihnen angekommen ist?"*

3.4.4 Feedback geben und empfangen

Die Bezeichnung „Feedback" entstammt ursprünglich der Kybernetik und bedeutet „Rückkopplung".

DURCH FEEDBACK SPIEGELN SIE IHREM GESPRÄCHSPARTNER ZURÜCK, WIE SIE SEIN VERHALTEN ODER SEINE SPRACHLICHEN ÄUSSERUNGEN WAHRNEHMEN.

Dadurch helfen Sie ihm, sein Bild von sich selbst zu komplettieren: Denn wir kennen oft nur unsere Innensicht und müssen mit mehr oder weniger treffenden Annahmen darüber vorliebnehmen, wie wir auf andere wirken; Sicherheit gewinnen wir nur, wenn wir darüber sprechen, wie wir uns gegenseitig erleben. Dadurch können wir „blinde Flecken" aufhellen.

Wer regelmäßig konkrete Rückmeldung erhält, hat weniger Anlass, Spekulationen darüber zu entwickeln, was andere über ihn denken. Dies entlastet.

→ *„Wenn ich Sie im Kontakt mit den Kollegen erlebe, habe ich den Eindruck, dass Sie sich in unserer Abteilung schon gut eingelebt haben."*

→ *„Ich bin etwas überrascht, da ich mit einer Forderung in dieser Höhe nicht gerechnet habe."*

→ *„Ich merke, Sie zögern, einen konkreten Terminvorschlag anzubieten. Könnte es sein, dass Sie sich die Sache lieber noch einmal überlegen wollen, anstatt sich jetzt schon festzulegen?"*

→ *„In der vergangenen Woche sind Sie dreimal zu spät gekommen. Sie wirken so, als wären Sie zurzeit besonderen Belastungen ausgesetzt."*

→ *„Wir sprechen in diesem Meeting bisher ausschließlich über Ihren Vorschlag, und ich befürchte, dass die Kollegen ihre Ideen nicht mehr einbringen können, wenn wir sie jetzt nicht nach ihren Überlegungen fragen."*

→ *„Ich sehe, Sie nicken, und nehme das als Zustimmung zu meinem Vorschlag."*

Für das Geben und Nehmen von Feedback gibt es einige bewährte Regeln.

> ! **Regeln für das Geben von Feedback**
>
> → Geben Sie nur Feedback, wenn Ihr Gesprächspartner bereit ist, das Feedback anzunehmen. Feedback anbieten, nicht aufdrängen!
>
> → Geben Sie Feedback konkret zu begrenzten Verhaltensweisen und nicht pauschal zur Gesamtpersönlichkeit des Gesprächspartners. Schildern Sie, was Sie an der anderen Person beobachtet haben, was Sie an sich selbst beobachtet haben und was Sie empfinden.
>
> → Nutzen Sie „Ich-Aussagen" („*Sie wirken auf mich unermüdlich.*") anstatt Sie-Aussagen („*Sie sind unermüdlich.*"). Das schreibt den anderen wenger in – scheinbaren konstanten – Pesönlichkeitseigenschaften fest.
>
> → Kennzeichnen Sie Beobachtungen als Beobachtungen, Meinungen als Meinungen und Hypothesen als Hypothesen.
>
> → Verzichten Sie auf psychologisierende Deutungen („*Bestimmt wollen Sie unbewusst mit Ihrem Verhalten Aufmerksamkeit erregen*").
>
> → Die Verhaltensweisen, zu denen Sie Feedback geben, sollte der Empfänger auch verändern können (gerade bei kritischem Feedback).
>
> → Verlangen Sie nicht vom Mitarbeiter, dass er Ihr Feedback sofort akzeptiert. Geben Sie ihm Zeit, die Diskrepanz zwischen Selbstbild und Fremdbild zu verarbeiten.
>
> → Wenn Sie feststellen, dass Ihr Gesprächspartner mit Rechtfertigungen auf Ihr Feedback reagiert, sprechen Sie dies offen an, und fragen Sie nach, ob Ihr Feedback als Vorwurf empfunden wird.
>
> → Geben Sie Feedback sobald wie möglich. Direktes Feedback statt ‚globale Abrechnung'.
>
> → Feedback sollte prinzipiell umkehrbar sein. Ein Feedback, das Sie Ihrem Gesprächspartner geben, sollte er im Sinne partnerschaftlicher Kommunikation auch Ihnen geben dürfen.
>
> → Geben Sie Feedback nicht nur zu in Ihren Augen kritischen, sondern vor allem auch zu positiven Verhaltensaspekten Ihres Gesprächspartners.

Ebenso wichtig wie das Feedback, das Führungskräfte geben, ist das Feedback, das sie von ihren Mitarbeitern erhalten. Feedback sollte keine Einbahnstraße sein. Eine Führungskraft, die auf eine kritische Rückmeldung seitens eines Mitarbeiters mit Rechtfertigungen reagiert, wird eine solche Rückmeldung künftig kaum noch erhalten. Sie wird in Zukunft also weniger Informationen über die Wirkungen ihres Handelns bekommen. Bitten Sie Kollegen und Mitarbeiter immer wieder um Feedback, damit Sie mehr über Ihre Wirkung auf andere erfahren und Ihr eigenes Verhalten überprüfen können.

Auch für das Empfangen von Feedback haben sich einige Grundsätze bewährt.

> ## ! Regeln für das Empfangen von Feedback
>
> → Zuhören und das Feedback aufnehmen.
>
> → Nicht rechtfertigen, nicht argumentieren.
>
> → Fragen Sie nach, wenn Sie etwas nicht verstanden haben.
>
> → Bedanken Sie sich aufrichtig für das Feedback, auch wenn Ihnen das, was Sie erfahren haben, zunächst nicht gefällt. Dass Sie das Feedback verstanden haben und darüber nachdenken werden, bedeutet nicht, dass Sie damit einverstanden sein müssen, sondern ...
>
> → Entscheiden Sie, wenn Sie über das Feedback nachdenken, bewusst, was Sie beibehalten, was Sie verändern und was Sie weiter an sich beobachten möchten.
>
> → Geben Sie dem Feedback-Geber später Rückmeldung darüber, was sein Feedback bewirkt hat.

In vielen Mitarbeitergesprächen gehört das Geben und Nehmen von Feedback zu den wichtigsten Aktivitäten, so in Probezeit-, Entwicklungs-, Zielvereinbarungs-, Beurteilungs-, Kritik- und Konfliktgesprächen – die Liste ließe sich fast beliebig fortsetzen.

> ## Reflexion
>
> Wem aus meinem beruflichen Umfeld würde ich gern einmal Feedback geben? ... Wer weiß nicht um meine Anerkennung und sollte einmal offen Bestätigung erfahren? ... Und bei wem sollte ich mich trauen, einen kritischen Punkt anzusprechen, um der Person eine bessere Möglichkeit zur Selbstwahrnehmung zu geben? Wie würde ich diese Rückmeldung nach den Feedback-Regeln artikulieren?
>
> Von wem würde ich gerne einmal Rückmeldung zu meinem Verhalten oder meiner Wirkung erhalten? Wann und wie könnte ich diese Person konkret nach ihrer Rückmeldung fragen?

3.4.5 Anweisungen angemessen formulieren

> Der Filialleiter eines Handelsunternehmens führt mit einem seiner Abteilungsleiter ein Gespräch und sagt unter anderem Folgendes:
>
> *„Sie haben in Ihrem Arbeitsbereich völlig freie Hand und Sie wissen, welche Standards wir für die Warenpräsentation einhalten wollen. Die Regale hier sehen allerdings ziemlich chaotisch aus. Es müsste mal wieder aufgeräumt werden; wir sollten hier für mehr Ordnung sorgen.“*
>
> Was fällt hier auf?

Wer kennt das nicht: Manchmal reden wir um den heißen Brei herum, weil wir uns taktvoll zeigen und den anderen nicht vor den Kopf stoßen wollen. Doch wer soll nun konkret was tun? Manche Führungssituationen erfordern Klarheit. Chefs sollten bei aller Partnerschaft und Dialogik auch in der Lage sein, durch deutliche Anweisungen Orientierung zu geben.

Anstatt zu sagen, *„es müsste mal ...“* oder *„wir sollten ...“* wie im obigen Beispiel, hätte der Filialleiter einfach sagen können:

→ *„Ich bitte Sie, dafür zu sorgen, dass die Regale heute aufgeräumt werden.“*

Damit übernimmt die Führungskraft Verantwortung für ihren Appell, und es bleibt dem Mitarbeiter nicht diffus überlassen, was er aus der Äußerung herausliest, zum Beispiel wann die Aufräumarbeit in Angriff genommen werden soll. Der Zeitpunkt („ ... *heute*“) ist klar, damit wird das Ergebnis messbar.

Für Anweisungen gilt:

SAGEN SIE KLAR, WAS SIE WOLLEN.

! Tipps für das Äußern von Wünschen, Bitten und Anweisungen:

→ Werden Sie sich zunächst selbst darüber klar, was Sie wollen. Stellen Sie innere Eindeutigkeit her.

→ Seien Sie wertschätzend (in Ton und Wortwahl).

→ Formulieren Sie auch in kritischen Fällen, so lange es geht, Bitten und setzen Sie Anweisungen nur „notfalls“ ein.

→ Lassen Sie dem Empfänger, wenn es geht, Alternativen offen. Zum Beispiel können Sie Ihrem Mitarbeiter freistellen, auf welchem Weg er ein bestimmtes Ziel erreicht.

→ Sie können Bitten auch in Frageform formulieren. **Manchmal ist es hilfreich, der Bitte dadurch etwas von der Wucht zu nehmen und die Tür für den Dialog zu öffnen:**

„Würde es Ihnen etwas ausmachen ... ?"
„Wäre es Ihnen möglich ... ?"

→ Begründen Sie Ihre Wünsche:

„Ich würde das Angebot gern persönlich übergeben, wenn ich morgen ohnehin beim Kunden bin. Können Sie es bis heute Nachmittag schreiben?"

→ Fügen Sie Ihren Wünschen positive Beziehungsbotschaften hinzu:

„Es wäre mir eine große Hilfe, wenn Sie die Bewerbergespräche in der nächsten Woche für mich organisieren würden ..."

→ Vermeiden Sie unterschwellige Vorwürfe, **die das Klima auf der Beziehungsebene beeinträchtigen, wie:**

„Könnten Sie wenigstens morgen zu der Besprechung pünktlich kommen?"
„Diesmal möchte ich den Bericht aber vollständig bekommen."

→ Seien Sie bereit, auch ein *„Nein"* zu kassieren **und entspannt über die Zurückweisung der Bitte zu sprechen bzw. sich nach weiteren Handlungsalternativen umzusehen.**

3.4.6 Ganzheitliche Gesprächskompetenz – „Bleistiftliste"

Wie würden Sie Ihren Gesprächsstil beschreiben? Wie würden Kollegen und Mitarbeiter Ihren Gesprächsstil beschreiben? Wo liegen Ihre Stärken und welche Ihrer Fähigkeiten halten Sie für – noch – nicht so stark ausgeprägt, sodass Sie sie verbessern möchten. Im Folgenden finden Sie eine – zugegebenermaßen lückenhafte – Liste mit 25 Tipps und Impulsen für gelingende Gespräche (unter anderem nach Vopel 1994).

Wenn Sie mögen, können Sie die Liste einmal mit dem Bleistift durchgehen und zu jedem Tipp innerlich Stellung beziehen:

 Wenn Sie den Tipp für wichtig halten und meinen, dass Sie ihn auch schon beherzigen, können Sie ihn mit einem Haken versehen.

! Wenn Sie den Tipp für interessant und wichtig halten, und meinen dass Sie ihn künftig mehr beherzigen sollten, können Sie ihn mit einem Ausrufezeichen versehen.

Wenn Sie der Tipp nicht besonders berührt, markieren Sie ihn gar nicht.

 Und wenn Sie schließlich mit einem Tipp gar nicht einverstanden sind und Sie ihn für Ihre Gesprächskontexte nicht passend finden, können Sie ihn mit einem Blitz markieren.

! 25 Tipps für gelingende Kommunikation

Entscheiden Sie, wozu Sie etwas sagen möchten, und auch, wozu Sie nichts sagen möchten. ○

In jedem Gespräch können Sie etwas Interessantes für sich lernen. ○

Sorgen Sie für Stimmigkeit zwischen Körpersprache und Inhalt: ○
Unsere Handlungen sprechen lauter als Worte. Unsere Gesprächspartner können uns aufgrund des Klangs unserer Stimme, unseres Blicks, unserer Körperhaltung in der Regel recht zutreffend einschätzen.

Menschen, mit denen wir über längere Zeit beruflich oder privat ○
zusammen sind, werden Fachleute für unser Verhalten. Suchen Sie immer wieder ihre Rückmeldung, damit Sie sich weiterentwickeln.

Seien Sie relevant. Konzentrieren Sie sich auf die wichtigen ○
Punkte. Halten Sie sich nicht mit Nebensächlichkeiten auf.

Verzichten Sie auf lange Herleitungen. In den meisten ○
Gesprächen ist dafür keine Zeit.

Halten Sie keine Vorlesungen und predigen Sie nicht. Zusammenarbeiten bedeutet: Lösungen gemeinsam entwickeln. ○

Kommunizieren Sie positiv. Seien Sie optimistisch. Zeigen Sie, ○
dass Sie Situationen, Ideen und Menschen wohlwollend betrachten.

Sprechen Sie lösungsorientiert. Fokussieren Sie die Gegenwart ○
und die Zukunft. Betonen Sie das Veränderbare.

Interessieren Sie sich ernsthaft für die Meinungen Ihrer ○
Gesprächspartner.

Akzeptieren Sie, dass man jedes Problem von verschiedenen ○
Standpunkten aus betrachten kann.

Sagen Sie spontan, wenn Meinungsäußerungen anderer Gesprächsteilnehmer bei Ihnen positive Resonanz finden, und sagen Sie auch, warum. ○

Bewahren Sie auch bei schwierigen Diskussionen den persönlichen Bezug und die Nähe zu Ihren Gesprächspartnern. ○

Haben Sie den Mut, auch abweichende Ansichten zu vertreten, wenn Sie dies für notwendig halten. Aber tragen Sie Ihre Meinung auf gewinnende Weise vor. ○

Sie haben das Recht, sich abzugrenzen. ○

Seien Sie bereit, kritische Punkte und heiße Eisen anzusprechen, auch wenn dies bei Ihren Gesprächspartnern für Unruhe sorgt. Der Preis, den Sie zahlen, wenn Sie dies nicht tun und es akzeptieren, dass ein Großteil der vorhandenen Energie dafür eingesetzt wird, Ärger zu vertuschen, könnte sehr hoch sein. ○

Achten Sie in Diskussionen auf die Resonanz Ihrer Gesprächspartner. Recht behalten ist nur die zweitbeste Lösung. Gesprächspartner zu überzeugen oder eine gemeinsame Lösung zu finden ist die beste Lösung. ○

Akzeptieren Sie keine geheimen Tagesordnungen und verdeckten Gesprächsthemen. Fördern Sie Ihre eigenen eigentlichen Themen zu Tage und sprechen Sie sie an. Wenn Sie Anzeichen unterschwelliger Themen bei Ihren Gesprächspartnern zu bemerken glauben, versuchen Sie durch taktvolles Fragen zum Kern der Dinge vorzudringen. Dies kann Bremsen lösen und sich befreiend auf die Gesprächsatmosphäre auswirken. ○

Achten Sie bei wichtigen Themen darauf, den richtigen Zeitpunkt zu finden, um darüber zu sprechen. Finden Sie heraus, wann Ihre Gesprächspartner aufnahmebereit sind und genügend Zeit haben, das Thema konstruktiv zu besprechen. ○

Akzeptieren Sie die Gefühle Ihrer Gesprächspartner. Anstatt zu bewerten, versuchen Sie, ihre Motive zu verstehen. Dies bedeutet nicht, dass Sie destruktive Verhaltensweisen hinnehmen müssen. ○

Achten Sie darauf, dass Ihre Gesprächspartner ihr Gesicht wahren können. Es ist wichtig, dass jeder Teilnehmer die Besprechung unbeschädigt verlassen kann. ○

Verzichten Sie auf unfaire Tricks. Gesprächspartner spüren, wenn etwas nicht mit rechten Dingen zugeht und antworten ihrerseits mit strategischem Vorgehen. Solche Tricks sind unter anderem: unterbrechen, provozieren, unterschwellig drohen, doppelbödige Kommunikation wie Sarkasmus, Erinnern an alte Fehler, unzulässige Verallgemeinerungen, sprunghafte Themenwechsel. ○

Benutzen Sie keine Ausreden; akzeptieren Sie keine Ausreden. ○
Sagen Sie offen, wenn Sie etwas nicht tun möchten und warum
Sie dies nicht tun möchten. Und versuchen Sie auf respektvolle
Weise herauszufinden, wo die wirklichen Gründe liegen, wenn
sich Ihre Gesprächspartner an bestimmten Handlungen nicht
beteiligen möchten.

Achten Sie darauf, dass Ihren Gesprächspartnern mehrere Alter- ○
nativen offenstehen. Verengen Sie deren Handlungsspielräume
nicht zu sehr. Denn wenn nur noch eine Alternative bleibt, wird
dies auch emotional als Beschneidung der persönlichen Autonomie erlebt.

Ganz gleich, welche Inhalte Sie in einem Gespräch behandeln: ○
Der emotionale Gesamteindruck des Gesprächs bleibt oft viel
länger haften als die Sachaussagen. Daher achten Sie besonders
auf die emotionale Resonanz, die Sie auslösen.

Für Ihre Weiterentwicklung sind besonders diejenigen Tipps interessant, die Sie mit
einem Rufzeichen markiert haben. Vielleicht fallen Ihnen typische oder wichtige Gesprächssituationen ein, in denen Sie die Tipps umsetzen möchten. Diese Liste können
Sie nach einiger Zeit, z.B. nach ein paar Monaten noch einmal hervorholen. Gibt es
wichtige Aspekte, die Sie beherzigen wollten und die Sie bereits in Ihr Repertoire übernommen haben?

Da diese „größeren" Gespräche die gesamte weitere Arbeitsbeziehung beeinflussen können, sollten Sie folgende Punkte beachten:

→ Setzen Sie diese Gespräche klar von den tagesaktuellen Gesprächen „zwischen
   Tür und Angel" ab (z.B. durch eine frühzeitige Terminierung und Einladung des
   Mitarbeiters mit Information über den Anlass).
→ Nehmen Sie sich genügend Zeit.
→ Sorgen Sie für einen vertraulichen Rahmen (siehe Kap. 2.1).

4 Wichtige Mitarbeitergespräche

Mit wichtigen, immer wiederkehrenden Arten von Mitarbeitergesprä-
chen befassen wir uns in diesem Kapitel. Wir beleuchten die jeweiligen
Zielstellungen und wir behandeln die Vorbereitung, den Ablauf und die
Nachbereitung. Hintergrundinformationen und Modelle sollen die sach-
gerechte Gesprächsführung unterstützen.

Viele Gespräche im Führungsalltag behandeln die kleinen Themen der laufenden Zusammenarbeit. Kurze Abstimmungen, rasche Informationsweitergaben quasi im Vo-
rübergehen prägen das Bild in vielen Büros und Produktionshallen. Diese Gespräche
sind überaus wichtig, zumal in einer Zeit, in der die E-Mail von Büro zu Büro, von
Schreibtisch zu Schreibtisch zuweilen den persönlichen Kontakt zu ersetzen droht.

Darüber hinaus gibt es einige zentrale Gesprächssituationen, in denen es um
Kernfragen der Zusammenarbeit geht. Um diese Gespräche soll es im Folgenden gehen. Die Delegation wichtiger Aufgaben, die Besprechung der Weiterentwicklung eines Mitarbeiters, die Vereinbarung von Zielen, die Lösung eines Konflikts brauchen
ein anderes Setting als die Abstimmung, wer wann zur Mittagspause geht.

Da diese ‚größeren‘ Gespräche die gesamte weitere Arbeitsbeziehung beeinflus-
sen können, sollten Sie folgende Punkte beachten:
- → Setzen Sie diese Gespräche klar von den tagesaktuellen Gesprächen ‚zwischen
  Tür und Angel‘ ab (z.B. durch eine frühzeitige Terminierung und Einladung des
  Mitarbeiters mit Information über den Anlass).
- → Nehmen Sie sich genügend Zeit.
- → Sorgen Sie für einen vertraulichen Rahmen (siehe Kap. 2.1).

4.1 Das Delegationsgespräch

Wenn Führung heißt, andere Menschen in Bewegung zu setzen und dafür zu sorgen,
dass sie in Bewegung bleiben, ist die Delegation eines der wichtigsten Führungswerk-
zeuge. Delegation meint hier allerdings nicht die schlichte Erteilung eines vielleicht
schon oftmals ausgeführten Arbeitsauftrags, sondern es geht darum, eine komplette
Aufgabe, vielleicht sogar ein ganzes Tätigkeitsgebiet in die Hände des Mitarbeiters zu
legen.

DAMIT BEDEUTET DELEGATION DIE ÜBERTRAGUNG VON VERANTWORTUNG UND
ENTSCHEIDUNGSSPIELRÄUMEN.

Dabei kann es etwa gehen um
- → die Betreuung eines definierten Kundenkreises,
- → Konzeptions- oder Rechercheaufgaben,

→ die Erstellung oder Optimierung eines Kennzahlensystems für einen bestimmten Arbeitsbereich,

um nur einige wenige Beispiele zu geben; es geht also um Aufgaben von Belang.

VERANTWORTUNGSGEFÜHL ENTSTEHT DABEI NICHT DADURCH, DASS MAN EINE AUFGABE AUFS AUGE GEDRÜCKT BEKOMMT, SONDERN ES ENTSTEHT AUS DER EINSICHT, DIE IM PARTNERSCHAFTLICHEN DIALOG GEWONNEN WURDE.

Welches sind nun die Vorteile der Delegation im Einzelnen? In der folgenden Übung können Sie sich hierzu einige Gedanken machen:

? **Übung: Nutzen der Delegation**

1. Nutzen hinsichtlich
   des Ergebnisses:
   _____

2. Nutzen für das
   Unternehmen:
   _____

3. Nutzen für den
   Mitarbeiter:
   _____

4. Nutzen für den
   Vorgesetzten:
   _____

(Einen Lösungsvorschlag finden Sie in Kap. 5, „Lösungen")

Gesprächsvorbereitung

Nach der Delegation wird sich die Aufgabe dem permanenten Zugriff der Führungskraft entziehen. – Wäre dem nicht so, wäre die Aufgabe nicht vollständig delegiert.

Daher sollte der Vorgesetzte, bevor er delegiert, über verschiedene Punkte Klarheit gewinnen:

→ Ist die Aufgabe delegierbar? Delegierbar sind in der Regel Fachaufgaben. Nicht delegierbar sind
  - Grundsatzentscheidungen,
  - die Kontrolle fundamentaler Ergebnisse,
  - die Auswahl und Entwicklung von Mitarbeitern,
  - die Schlichtung eskalierter Konflikte.
→ Besitzt der Mitarbeiter die Fähigkeiten, die Aufgabe zu übernehmen, oder müssen diese Fähigkeiten im Vorfeld bzw. im Zuge der Arbeit an der delegierten Aufgabe entwickelt werden?
→ Welche Entscheidungsspielräume können bzw. müssen dem Mitarbeiter übertragen werden, damit er eigenständig arbeiten kann?

→ Welche Interventionsmöglichkeiten behält sich der Vorgesetzte vor?

→ Wie möchte der Vorgesetzte während der Lösung der Aufgabe über den Stand der Dinge informiert werden?

→ Welche Ressourcen (zeitlich, materiell, personell) können dem Mitarbeiter zur Verfügung gestellt werden?

→ Welche Konsequenzen ergeben sich aus der Delegation für das Umfeld (Teamkollegen, andere Abteilungen, Kunden), über die gesprochen werden muss?

→ Welche Unterstützung bietet der Vorgesetzte an, wenn bei der Lösung der Aufgabe Probleme entstehen?

! Ablauf des Delegationsgesprächs

Kontaktphase

→ Kurzes oder kein Warming-up

Klärung der Themen, der Gesprächsziele und des Zeitrahmens

→ Benennung des Delegationsthemas

Themenbearbeitung

1. Bedeutung und Sinn der Aufgabe vorstellen. Warum handelt es sich um eine wichtige Aufgabe?

2. Beschreibung der Aufgabe; Benennung der Kompetenzen, die dem Mitarbeiter übertragen werden sollen, und der Ressourcen, auf die der Mitarbeiter zurückgreifen kann.

3. Bitte um Rückfragen des Mitarbeiters. Gegebenenfalls: Rückmeldung des Mitarbeiters, was bislang von der Beschreibung der Aufgabe bei ihm angekommen ist.

4. Diskussion von Details und Gestaltungsspielräumen bei der Lösung der Aufgabe; Klärung, ob fachliche Unterstützung nötig ist. Motivierende Variante: Bitten Sie den Mitarbeiter, einen eigenen Lösungsweg zu entwickeln.

5. Check, ob sich die Übernahme der neuen Aufgabe mit den bisherigen Tätigkeiten des Mitarbeiters verträgt. Wie kann mit etwaigen zeitlichen Engpässen umgegangen werden?

6. Konkrete Vereinbarungen: beispielsweise: In welchem Zeitrahmen soll die Aufgabe erfüllt werden?

7. Ermutigen des Mitarbeiters, bei Fragen und Schwierigkeiten erneut das Gespräch zu suchen.

Zusammenfassung des Gesprächsergebnisses

Positives Gesprächsende

Nachbereitung

Gerade bei wichtigen Aufgaben sollte die Führungskraft zunächst in kürzeren, dann in größeren Abständen vom Mitarbeiter eine Rückmeldung über den Stand der Aktivitäten erbitten. Dies schützt auch den Mitarbeiter davor, längere Zeit in die falsche Richtung zu arbeiten. Wenn der Mitarbeiter die Bewältigung der Aufgabe als besonders schwierig empfindet, kann es geschehen, dass er Rückdelegationsversuche unternimmt. Es ist für die Führungskraft von entscheidender Bedeutung, der Versuchung zu widerstehen, die Aufgabe aus dem geschmeichelten Bewusstsein der eigenen Kompetenz heraus wieder an sich zu reißen. Stattdessen sollte die Führungskraft mit dem Mitarbeiter die Hindernisse bei der Bewältigung der Aufgabe besprechen und Lösungsansätze aufzeigen.

! **Hinweise zur wirkungsvollen Delegation**

→ Üben Sie sich darin, Aufgaben ,loszulassen', auch wenn Sie sie im Augenblick (noch) besser erledigen können als Ihre Mitarbeiter. Delegation ist auch eine Frage der Einstellung.

→ Erleben Sie es als eine Vergrößerung Ihres persönlichen Handlungsspielraumes, wenn Sie bei der Erledigung bestimmter Aufgaben ersetzbar sind. Dies vergrößert Ihren zeitlichen Freiraum für strategische Aktivitäten.

→ Seien Sie geduldig, wenn Sie Ihrem Mitarbeiter die Aufgabe, die Sie delegieren möchten, erklären. Die investierte Zeit gewinnen Sie später vielfach zurück.

→ Haben Sie Vertrauen in die Leistungsfähigkeit Ihrer Mitarbeiter. Dies wirkt sich wie eine sich selbst erfüllende Prophezeiung aus. Durch Ihr Vertrauen werden Ihre Mitarbeiter darin unterstützt, ihre persönlichen Potenziale zu erschließen.

Reflexion

Für Vorgesetzte:

→ Welche Aufgabe würden Sie besonders gerne delegieren, z.B. weil Sie dies entlasten würde oder weil Sie auf diese Weise eine Mitarbeiterin oder einen Mitarbeiter weiterentwickeln könnten?

→ An wen würden Sie die Aufgabe gerne delegieren?

→ Wann und wie würden Sie dies gerne tun?

→ Was hat Sie bisher daran gehindert, die Aufgabe zu delegieren?

→ Was könnten Ihre nächsten konkreten Schritte sein, um die Delegation auf den Weg zu bringen?

Für Mitarbeiterinnen und Mitarbeiter:

→ Welche Aufgabe würden Sie gerne von Ihrem Chef übertragen bekommen, z.B. weil Sie die Aufgabe effizienter als Ihr Chef erledigen oder daran wachsen könnten?

→ Können Sie sich eine Situation vorstellen, in der Sie um die Übertragung der Aufgabe bitten? Können Sie eine entsprechende ‚Szene' vor Ihrem inneren Auge erstehen lassen?

→ Wenn die Szene stimmig ist: Was könnten Ihre nächsten Schritte sein, um die Aufgabe und die entsprechende Verantwortung zu übernehmen?

4.2   Das Entwicklungs- und Fördergespräch

Im Entwicklungs- und Fördergespräch geht es um zwei Fragestellungen, die aufeinander bezogen sind:

→ Welche Lern-, Bildungs- oder Erfahrungsschritte möchte der Mitarbeiter vollziehen, um sich beruflich weiterzuentwickeln?

→ Welche Entwicklungen vollzieht die Organisation kurz-, mittel- und langristig und welche Notwendigkeiten der Mitarbeiterentwicklung resultieren daraus – gewissermaßen aus der Helikopter-Perspektive?

Der Austausch über beide Punkte ist wichtig. Die Führungskraft sollte wissen, welche Entwicklung der Mitarbeiter anstrebt. Und der Mitarbeiter sollte wissen, wohin sich die Organisation bewegt.

Ein Entwicklungs- und Fördergespräch kann – im Unterschied etwa zum Mitarbeiterjahresgespräch – ohne formalen Anlass zu jedem Zeitpunkt geführt werden. Es kann also sowohl vom Mitarbeiter als auch von der Führungskraft initiiert werden.

→ *Praxis*tipp:

Wenn Sie mit einem Mitarbeiter über Möglichkeiten der Weiterentwicklung sprechen, gehen Sie von seinen Stärken und Möglichkeiten aus und nicht von seinen Defiziten.

Es ist sehr viel leichter, wirksamer und motivierender, vorhandene Ressourcen weiterzuentwickeln, als Schwächen auszugleichen. Dies gilt vor allem für den Bereich der sozialen Kompetenzen und der Persönlichkeit. Der Vorstellung, bei einem Menschen mit 20-, 30- oder 50-jähriger Lebenserfahrung Mängel durch bestimmte Maßnahmen beheben zu können, liegt oft ein mechanistisches Weltbild zu Grunde, das den Menschen wie eine Maschine ansieht, die man zur Reparatur oder zum Tuning bringen kann.

Dieses Weltbild hat mit der lebendigen Lebenswirklichkeit wenig zu tun. Um es in einer Metapher auszudrücken: Eine Pflanze braucht zum Wachsen Licht, Wasser und gute Erde, es macht wenig Sinn, an ihr zu ziehen.

Zielsetzungen des Gesprächs

→ Der Mitarbeiter soll im Gespräch Entwicklungswünsche und persönliche berufliche Entwicklungstendenzen benennen können.
→ Der Mitarbeiter sollte im Gespräch seinen derzeitigen Entwicklungsstand reflektieren.
→ Der Mitarbeiter sollte vom Vorgesetzten Feedback erhalten, wie dieser seinen gegenwärtigen Entwicklungsstand und sein Potenzial einschätzt.
→ Der Mitarbeiter sollte ein Update über wichtige Ziele und interne Dynamiken des Unternehmens erhalten, soweit diese entwicklungs- und karriererelevant sind.
→ Der Mitarbeiter soll vor unrealistischen Karrierehoffnungen geschützt werden.
→ Entwicklungswünsche des Mitarbeiters und im Unternehmen mögliche Entwicklungsschritte sollen abgeglichen werden.
→ Wenn möglich, sollte die Führungskraft Entwicklungsperspektiven aufzeigen.
→ Konkrete Fördermaßnahmen, die die Weiterentwicklung des Mitarbeiters unterstützen, sollten vereinbart werden.

? **Übung: Mögliche Fördermaßnahmen**

Wenn von Fördermaßnahmen die Rede ist, denken viele Führungskräfte und Mitarbeiter unmittelbar an den Besuch von Weiterbildungsseminaren. Doch es gibt im Arbeitskontext des Mitarbeiters viele weitere Möglichkeiten der Weiterentwicklung und Förderung.

Welche fallen Ihnen ein?

_____

_____

_____

_____

_____

(Einen Lösungsvorschlag finden Sie in Kap. 5, „Lösungen")

Vorbereitung

Gerade bei Entwicklungs- und Fördergesprächen ist eine eingehende Vorbereitung wichtig. Denn kaum etwas interessiert eine Mitarbeiterin oder einen Mitarbeiter in der Regel so sehr, wie der eigene weitere Weg in der Organisation und die Einschätzung des Potenzials durch die Führungskraft.

Die folgende Übung lädt Sie ein, eine solche Vorbereitung an einem konkreten Fall aus Ihrem eigenen Arbeitsbereich durchzuspielen.

? Übung: Vorbereitung eines Entwicklungs- und Fördergesprächs

Für Vorgesetzte:

Wählen Sie für diese Übung eine Mitarbeiterin oder einen Mitarbeiter aus Ihrem Arbeitsbereich aus, und beantworten Sie folgende Fragen:

→ Welche besonderen Stärken zeigt der Mitarbeiter an seinem Arbeitsplatz?

→ Welche Tätigkeiten entsprechen seinen Neigungen und Talenten nicht so sehr?

→ Wie verhalten sich die beobachteten Stärken und Schwächen zu den Anforderungen des Arbeitsplatzes?

→ Durch die Entfaltung welcher Talente könnte der Mitarbeiter einen überdurchschnittlichen Beitrag zum Unternehmenserfolg leisten?

→ Wie verlief der bisherige Entwicklungsgang des Mitarbeiters: geradlinig oder mäandrierend? Stimmen Wollen und Können überein, oder sind Diskrepanzen beobachtbar?

→ Wie zufrieden erscheint der Mitarbeiter gegenwärtig mit seiner Arbeit?

→ Welche Fragen würden Sie gerne an den Mitarbeiter richten, um sich ein genaueres Bild zu machen?

→ Welche Entwicklungsmöglichkeiten könnten Sie dem Mitarbeiter mittelfristig anbieten?

→ Welche Entwicklungs- und Fördermaßnahmen erscheinen Ihnen aus Ihrer jetzigen Sicht sinnvoll, sodass sie konkret diskutiert werden sollten?

Für Mitarbeiter:

Hier können Sie sich Gedanken über Ihre persönliche Entwicklungsperspektive machen:

→ Welche Ihrer Stärken kommen an Ihrem Arbeitsplatz gegenwärtig
zum Tragen, welche nicht?

→ Welche Talente würden Sie an Ihrem Arbeitsplatz gerne stärker
einsetzen?

→ In welchem Maße, glauben Sie, sind diese Talente in Ihrer Organisation gefragt?

→ Sind Sie mit Ihrem Entwicklungsweg in Ihrer Organisation alles in
allem zufrieden oder sehen Sie Ihre persönlichen Ziele nicht genug
berücksichtigt?

→ Welche Entwicklungsmaßnahmen wünschen Sie sich?

→ Welchen Einfluss, glauben Sie, hätte ein von Ihnen initiiertes
Entwicklungsgespräch auf Ihr berufliches Fortkommen? –
Würde es Ihre Chancen verbessern oder eher beeinträchtigen?

→ Wie würden Sie in einem solchen Gespräch argumentieren?

→ Welches Fazit ziehen Sie aus diesen Überlegungen?

! Ablauf des Entwicklungs- und Fördergesprächs

Kontaktphase

→ Kurzes Warming-up, um ein positives Gesprächsklima zu schaffen.

Klärung der Themen, der Gesprächsziele und des Zeitrahmens

→ Um die Transparenz des Gesprächs zu erhöhen, sollte in dieser Phase
ein konkreter Gesprächsablauf vorgeschlagen werden.

Themenbearbeitung

1. Selbsteinschätzung des Mitarbeiters:

   → Zufriedenheit mit dem gegenwärtigen Aufgabengebiet.

   → Besondere Stärken, Neigungen und weniger stark ausgeprägte
   Talente/Neigungen.

   → Mittelfristige Entwicklungswünsche (bis ca. drei Jahre).

   ... Anschließend Verständnis- und Vertiefungsfragen durch den
   Vorgesetzten.

2. Einschätzung des Vorgesetzten:

→ Besondere Stärken des Mitarbeiters

→ Entwicklungsmöglichkeiten am gegenwärtigen Arbeitsplatz

→ Mögliche mittelfristige Entwicklungsperspektive im Unternehmen

... Anschließend Verständnis- und Vertiefungsfragen durch den Mitarbeiter

3. Besprechung der beiden Sichtweisen (Gemeinsamkeiten/Unterschiede)

→ Gemeinsame Klärung eines realistischen Entwicklungskorridors

4. Vereinbarung konkreter Entwicklungsschritte und Fördermaßnahmen:

→ Wer bringt die Maßnahmen auf den Weg? Wenn möglich, einen Großteil der Aktivitäten beim Mitarbeiter belassen

→ Verabredung über den Rückmeldezyklus (beispielsweise die Vereinbarung eines Follow-up-Termins, um den Entwicklungserfolg festzustellen)

Zusammenfassung des Gesprächsergebnisses

→ Besonders: Hervorhebung neuer Gesichtspunkte, die das Gespräch zu Tage gefördert hat

Positives Gesprächsende

→ Zuversicht betonen, dass die besprochenen Entwicklungsmaßnahmen zum Erfolg führen werden

Klaffen der Entwicklungswunsch des Mitarbeiters und eine realistische Entwicklungsperspektive zu weit auseinander, kann die Führungskraft darauf hinweisen, wie wichtig es war, die unterschiedlichen Sichtweisen offen zu diskutieren. Die Führungskraft sollte anbieten, mit dem Mitarbeiter über die Thematik im Gespräch zu bleiben.

Nachbereitung

Auf Worte sollten Taten folgen. Wurde im Gespräch eine konkrete Perspektive aufgezeigt, sollten rasch die ersten Entwicklungsschritte umgesetzt werden, damit der Mitarbeiter Gewissheit erlangt, dass tatsächlich etwas geschieht und Verbindlichkeit gewünscht ist.

> **! Hinweise zum Führen von Entwicklungs- und Förderungsgesprächen**
>
> → Überlassen Sie Ihrem Mitarbeiter hohe Redeanteile, er sollte seine Karriereplanung aktiv mitgestalten.
>
> → Fragen Sie den Mitarbeiter nach Beispielen, wenn er seine Selbsteinschätzung vornimmt. Vermitteln auch Sie Ihre Einschätzung auf der Basis von Beispielen und Verhaltensbeobachtungen.
>
> → Wenn Ihr Mitarbeiter unrealistische Hoffnungen hegt, geben Sie ihm – mit freundlichen Worten – eine ehrliche Rückmeldung zu seinen tatsächlichen Entwicklungsmöglichkeiten im Unternehmen. Begründen Sie Ihre Einschätzung.
>
> → Machen Sie nur Zusagen und Versprechungen, die Sie auch einlösen können.

4.3 Anerkennungs- und Kritikgespräche

Lob ist ein sehr wichtiges und wirksames Führungsmittel, Kritik auch. – Vielen Menschen fällt es schwer, Lob ausdrücklich zu äußern (getreu der Redensart: *„Nicht kritisiert ist schon genug gelobt."*). Dabei kann man ein Lob in fast jedes Gespräch einstreuen.

LOB IST EINE SEHR ROBUSTE INTERVENTION: ES DARF AUCH SCHON MAL ETWAS MEHR SEIN.

Ein bisschen zu viel oder ungeschickt geäußerte Kritik dagegen kann unmittelbar demotivierend wirken. Mit beiden Aspekten einer gelebten Feedback-Kultur befassen wir uns im Folgenden näher.

Neuberger (1998) unterscheidet vier Funktionen von Anerkennung und Kritik:

• Informationsaspekt

Nach dem Gespräch weiß der Mitarbeiter, wo er steht. Erfüllt er die Anforderungen, übertrifft er sie oder gibt es ein Defizit?

• Lernaspekt

Anerkennung kann gewünschtes Verhalten stabilisieren, Kritik kann dazu beitragen, nicht gewünschtes Verhalten zu verändern; besonders wichtig ist hierbei allerdings, dass eine neue Verhaltensvariante entwickelt wird. Am größten ist der Lernerfolg, wenn der Vorgesetzte sowohl positive als auch kritische Rückmeldungen gibt.

- Motivationsaspekt

Anerkennung und Kritik können das Engagement von Mitarbeitern erhöhen. Beim Kritikgespräch besteht allerdings das Risiko der Demotivation. Folgende Punkte sollten Sie hier besonders beachten:

→ Die Wirkung eines Lobs kann man leichter voraussagen als die Wirkung von Kritik: Erfolg zieht im Allgemeinen gesteigerte Anstrengungen nach sich. Kritik kann wirkungslos bleiben, leistungssteigernd, aber auch leistungsmindernd wirken.

→ Auf ängstliche Personen wirkt Misserfolg eher leistungsmindernd.

→ ‚Erfolgsmenschen‘, die eine Lerngeschichte voller positiver Verstärkungen hinter sich haben, erhöhen nach einem Misserfolg oft ihre Anstrengungen.

→ Misserfolg führt insbesondere in Bezug auf Routineaufgaben zu verbesserter Leistung.

→ Bei komplexen Aufgaben mit hohen Anforderungen wirkt Misserfolg oft leistungsmindernd.

→ Menschen, deren Motivation vor allem durch ‚Furcht vor Misserfolg‘ bestimmt ist, reagieren auf Misserfolg extremer (z.B. Setzen sehr hoher oder sehr niedriger Ziele) als ‚Erfolg suchende‘ Personen.

→ Öffentlicher Misserfolg und hohe Ich-Beteiligung verursachen tendenziell extremere Reaktionen.

→ Misserfolge können emotionales und chaotisches Folgeverhalten nach sich ziehen.

→ Anhaltende Misserfolgserfahrungen begünstigen eine defensive Haltung.

- Sozialer Aspekt

Während Kritik fast immer reserviert aufgenommen wird und die zwischenmenschliche Distanz vergrößert, intensiviert der Ausdruck von Anerkennung in der Regel die Beziehung zwischen dem Feedbackgeber und dem Feedbacknehmer.

Da Arbeitsbeziehungen in der Regel langfristig orientiert sind, ergibt sich hieraus, dass positiv verstärkendes Verhalten kritisierendes Verhalten bei Weitem überwiegen sollte.

4.3.1 Anerkennung aussprechen

Für eine positive Rückmeldung ist immer Zeit, denn ein freundlich-zustimmender Blick, ein kurzes konkretes Lob dauern nicht lang. Man sagt, Anerkennung sei ein Geschenk, das nichts koste. Dies stimmt jedoch nur bedingt, denn Anerkennung erfordert unsere Fähigkeit und Bereitschaft, uns für einen Augenblick ganz dem Mitarbeiter zuzuwenden und seine Handlungen differenziert zu würdigen.

Anerkennung soll positives Verhalten verstärken und zu weiteren Anstrengungen auf dem beschrittenen Weg ermuntern. Damit dies gelingt, sollte man Anerkennung genau äußern.

Ein Lob wie: *„Ihre Präsentation fand ich toll!"* ist zwar ein schönes Kompliment, aber es trägt beim Mitarbeiter wenig dazu bei, die eigenen Stärken zu erkennen und gezielt weiterzuentwickeln.

! Vorgehen beim Aussprechen von Anerkennung

1. Beschreiben Sie das konkrete Verhalten, das Sie positiv verstärken wollen.

   Beispiel: *„Die Umsatzzahlen der von Ihnen betreuten Produktlinie sind trotz schlechter Konjunktur gegenüber dem Vorjahr um 30 Prozent gestiegen. Diesen Erfolg verdanken wir ganz überwiegend Ihrer kreativen Marketing-Konzeption und Ihrem Engagement. Sie konnten den Vertrieb von der Neupositionierung der Produktlinie überzeugen."*

2. Beschreiben Sie, wie das Verhalten auf Sie wirkt und welche Bedeutung es für Sie hat.

   Beispiel: *„Es freut mich, die Produktlinie bei Ihnen in guten Händen zu wissen. Ich war anfangs nicht ganz sicher, ob wir Ihren positiven Prognosen glauben durften. Heute bin ich sehr froh darüber, dass wir Ihnen vertraut haben."*

3. Sprechen Sie gegebenenfalls mit Ihrem Mitarbeiter darüber, wo und wie er seine besonderen Stärken noch einsetzen könnte. (Dieser dritte Schritt ist eine Kann-Fortführung; nicht jede Anerkennung muss durch die Übertragung auf neue Bereiche aufgeladen werden.)

   Beispiel: *„Ich würde gern mit Ihnen darüber sprechen, ob Sie daran interessiert wären, sich mit den Betreuern der anderen Produktlinien regelmäßig auszutauschen. Auf diese Weise könnten wir vielleicht auch bei den Produkten, die zurzeit nicht so gut laufen, von Ihren analytischen Fähigkeiten und Ihren Ideen profitieren."*

! Tipps für das Aussprechen von Anerkennung

→ Äußern Sie nur ernst gemeintes Lob.

→ Loben Sie angemessen. Sprechen Sie Anerkennung offen und klar aus, aber es ist nicht notwendig, den Mitarbeiter über den grünen Klee zu loben. Setzen Sie lobendes Verhalten nicht manipulativ ein, um beim Mitarbeiter bestimmte Ziele zu erreichen. Dies würde das Lob entwerten.

→ Nicht nur die Spitzenleistung, auch eine kontinuierlich gute Leistung verdient Anerkennung.

→ Würdigen Sie die positive Leistung spezifisch. Was sind genau die positiven Aspekte?

→ Lob sollte nicht eingeschränkt werden (z.B.„*... schon ganz ordentlich*"); suchen Sie nicht das Haar in der Suppe, wenn Sie positiv verstärken wollen (z.B.„*Ihr Konzept ist sehr gut ausgearbeitet, aber ich hätte es mir ein wenig kürzer gewünscht.*").

→ Sprechen Sie Anerkennung aus, unmittelbar nachdem die Leistung erbracht wurde.

→ Sprechen Sie Anerkennung partnerschaftlich aus, nicht von oben herab. Am besten können Sie dies tun, indem Sie sagen, welche Bedeutung die gute Leistung des Mitarbeiters für Sie persönlich hat.

→ Entscheiden Sie bewusst, ob Sie Anerkennung unter vier Augen oder in Anwesenheit anderer aussprechen. Vor anderen ausgesprochene Anerkennung führt der Gruppe vorbildhaftes Verhalten vor – mit der Gefahr, dass Neid entsteht bzw. Eitelkeit bei der gelobten Person. Äußern Sie Lob im Zweifelsfalle unter vier Augen. Vor anderen sollten Sie ein Lob dann aussprechen, wenn ein Mitarbeiter sich besonders für das gesamte Team eingesetzt hat und jeder die öffentliche Anerkennung erwartet.

→ Den schönen Worten sollten Taten folgen. Finden Sie Möglichkeiten, zusätzlich zum ausgesprochenen Lob etwas für Ihre Mitarbeiter zu tun.

Reflexion

→ An welche große Anerkennung, die ich einmal im Berufsleben erhalten habe, kann ich mich spontan erinnern?

→ Wofür verdienen die einzelnen Persönlichkeiten in meinem engeren beruflichen Umfeld besondere Anerkennung?

→ Wann habe ich diese Anerkennung zuletzt ausgedrückt?

→ Was nehme ich mir vor? Wem gegenüber möchte ich in nächster Zeit konkret Anerkennung ausdrücken?

4.3.2 Kritik aussprechen

Die meisten Menschen verbinden mit dem Empfangen von Kritik unangenehme Erfahrungen. Führungskräfte neigen ihrerseits manchmal dazu, der Äußerung von Kritik aus dem Weg zu gehen, weil sie kein Porzellan zerschlagen möchten oder auch, weil sie den Widerstand bzw. den inneren Rückzug des Mitabeiters befürchten. Doch manchmal sind Kritikgespräche notwendig.

Negative Erfahrungen mit Kritik haben ihre Wurzeln oft in der Kindheit. Das einer Maßregelung oder dem Ausdruck von Ärger ausgesetzte Kind fühlt sich verletzt und aus der Zuwendung ausgestoßen. Es resigniert oder wird unartig. Der Erwachsene, der eine kritische Rückmeldung erhält – sei es auch mit positiver Entwicklungsabsicht – greift oftmals auf früh praktizierte Möglichkeiten zurück, um sein Selbstbild intakt zu halten – und reagiert ebenfalls verletzt oder aggressiv.

DER EIGENTLICH ENTSCHEIDENDE PUNKT BEIM KRITISIEREN IST DAHER NICHT DIE EINGESETZTE „KRITIK-METHODE", SONDERN DIE FÄHIGKEIT, ZUR KRITISIERTEN PERSON EINE POSITIVE GRUNDBEZIEHUNG AUFRECHTZUERHALTEN.

Diese positive Grundhaltung zeigt sich nicht nur durch die Inhalte unserer Gesprächsbeiträge, sondern sie manifestiert sich in unserer gesamten (körpersprachlichen) Art und Weise, dem anderen gegenüberzutreten.

In vielen Fällen ist dem Mitarbeiter das – durch ihn verursachte – Problem bekannt, bevor der Vorgesetzte das Kritikgespräch mit ihm führt. Persönliches Fehlverhalten, wie z.B. das Nichteinhalten definierter Arbeitszeiten, überlange private Telefonate, mangelnde Hilfestellung gegenüber Kollegen, steht als Thema oft schon länger im Raum und ist vielleicht schon seit geraumer Zeit Gegenstand von informellen Bemerkungen im Teamkreis, bevor der Vorgesetzte davon erfährt bzw. die Entscheidung trifft, das Verhalten offen anzusprechen.

Oft sorgt schlicht die Sachlage dafür, dass das Problem offensichtlich ist: Die mangelnde Sorgfalt eines Sachbearbeiters beispielsweise führt immer wieder zu fehlerhaften Lieferungen, woraufhin sich der Kunde beschwert. Oder ein Mitarbeiter hält einen Termin nicht ein oder er ist trotz hinreichendem zeitlichen Vorlauf in einem Verhandlungsmeeting unvorbereitet und weiß auf die Fragen seiner Gesprächspartner keine Antworten. Die negative Resonanz, die sein Verhalten verursachte, ist ihm schon bekannt, wenn sein Vorgesetzter ihn darauf anspricht.

DER MITARBEITER BEFINDET SICH OFT, WENN DAS GESPRÄCH STATTFINDET, BEREITS MITTEN IN DER AUSEINANDERSETZUNG MIT SEINEM PROBLEM.

Das Kritikgespräch kann aber auch überraschend kommen: Ein Kunde beschwert sich über den schroffen Tonfall eines Mitarbeiters angesichts einer Reklamation unmittelbar beim Vorgesetzten, ohne dass der betroffene Mitarbeiter hiervon etwas weiß. Der Mitarbeiter wird, wenn er vom Vorgesetzten mit der Beschwerde konfrontiert wird, aller Wahrscheinlichkeit nach in Stress geraten. Er wird in diesem Fall möglicherweise dazu neigen, eine spontane, also tendenziell unüberlegte Reaktion an den Tag zu legen. Auf einer solchen Basis lassen sich im Dialog dann kaum konstruktive Lösungen herausarbeiten.

IM KRITIKGESPRÄCH KOMMT ES GRUNDLEGEND DARAUF AN, DIE EMOTIONALE BELASTUNG DES MITARBEITERS SO GERING WIE MÖGLICH ZU HALTEN.

Zielsetzungen

Kritikgespräche haben konkret umrissene Ziele:
- → Der Mitarbeiter soll auf sein Fehlverhalten aufmerksam gemacht werden.
- → Er soll die Gründe für die Kritik erfahren.
- → In gravierenden Situationen oder im Wiederholungfalle soll er über die Konsequenzen informiert werden, zu denen unverändertes Verhalten führt.
- → Er soll die Möglichkeit haben, sich zu seinem Verhalten/dem Vorfall zu äußern.
- → Es sollen Lösungen herausgearbeitet werden, die die Situation bereinigen.
- → Es soll geklärt werden, welche Hilfestellung der Mitarbeiter gegebenenfalls benötigt, um das Problem zu lösen.
- → Der Mitarbeiter soll sich als Person weiterhin akzeptiert fühlen.

Vorbereitung

Um die Ziele zu erreichen und die Situation emotional zu entlasten, ist eine gute Gesprächsvorbereitung wichtig. Das Kritikgespräch hat ein begrenztes Verhalten zum Gegenstand. So geht es in der Vorbereitung zuallererst darum, die Fakten zu klären.

Diese Vorbereitungsfragen kann sich die Führungskraft stellen:
- → Welches Verhalten soll genau kritisiert werden? Wie lässt sich der Sachverhalt beschreiben?
- → Welches Ziel soll das Gespräch haben? Einsicht? Sensibilisierung? Verhaltensänderung? Information des Mitarbeiters über Konsequenzen?
- → Welche Ursachen könnte das kritisierte Verhalten haben?
- → Welche Bedeutung hat das kritisierte Verhalten im Kontext der Gesamtleistung des Mitarbeiters?
- → Beeinflussen andere Vorfälle die Sicht auf den Kritikpunkt (mildernd oder verschärfend)?
- → Gibt es einen Eigenanteil der Führungskraft an der problematischen Situation? (Beispiel: Zulassen von Rückdelegation und gleichzeitiges Kritisieren mangelnder Selbstständigkeit)

Die Führungskraft sollte auch klären, ob sie Kritik als persönliches Verarbeitungs- oder Entlastungsmittel benutzt. Ärger und Frustration abzureagieren ist gerade in Belastungssituationen ein typischer Beweggrund für Kritikaktivitäten, der Mitarbeitern in der Regel nicht verborgen bleibt. Eine Nacht über die Angelegenheit zu schlafen, Selbstklärung zu betreiben und sich innerlich abzukühlen könnte hier zu einem konstruktiveren Ergebnis führen, als möglicherweise überzogene Spontanhandlungen.

→ *Praxis*tipp:

Gerade beim Kritikgespräch ist es wichtig, dass Sie den Mitarbeiter im Vorfeld über den genauen Gesprächsanlass informieren. Auf diese Weise geben Sie dem Mitarbeiter die Gelegenheit, sich auf die für ihn heikle

Situation vorzubereiten; die Möglichkeit der Vorbereitung nehmen Sie als Vorgesetzter ja ebenso für sich selbst in Anspruch.

Bei der Ankündigung des Gesprächs sollten Tonfall und Formulierung so gewählt werden, dass der Mitarbeiter keine unnötigen Befürchtungen hegt.

Beispiel: „In der gestrigen Projektpräsentation konnten Sie dem Lenkungsgremium einige wichtige Fragen nicht beantworten. Ich würde mit Ihnen gerne darüber sprechen, an welchen Punkten das Projekt derzeit Probleme macht. Wir sollten die Irritation, die die Teilnehmer geäußert haben, so schnell wie möglich bereinigen. Können wir uns morgen Vormittag treffen?"

Ein Mitarbeiter, der Gelegenheit hatte, sich vorzubereiten, wird in der Regel weniger zu Rechtfertigungen neigen, sondern vermutlich schon vor dem Gespräch über Lösungsideen nachdenken. Die beiderseitige Vorbereitung hebt das Gesprächsniveau – im Gegensatz zu einem zweifelhaften ‚Überraschungseffekt' der einen autoritären Führungsstil kennzeichnet.

! Ablauf des Kritikgesprächs

Kontaktphase

→ Positives Klima herstellen, jedoch auf Smalltalk (z.B. Frage nach der Familie oder dem geplanten Urlaub) verzichten; das ernste Thema ist bekannt und die Situation lässt sich am besten entlasten, indem man direkt zur Sache kommt.

  „Herr Müller, ich habe das Gespräch heute gesucht, um mit Ihnen über Ihr mehrmaliges Zuspätkommen in den letzten Wochen zu sprechen."

Klärung der Themen, der Gesprächsziele und des Zeitrahmens

→ Konstruktives Gesprächsziel formulieren und die Lösungsabsicht positiv betonen

Themenbearbeitung

1. Darstellung des Sachverhalts aus der Sicht des Vorgesetzten
   → Beschreibung des Verhaltens
   → Beschreibung der Auswirkungen, die das Verhalten hatte/hat
   → Formulierung des Änderungsanliegens

2. Stellungnahme des Mitarbeiters – wie stellt sich der Vorfall aus seiner Sicht dar?

3. Vergleich der Wahrnehmungen des Vorgesetzten und des Mitarbeiters; gegebenenfalls Klärung von Unterschieden und Missverständnissen; Herstellung einer im Wesentlichen übereinstimmenden Situationseinschätzung

4. Sondierung möglicher Ursachen, die zu der Situation geführt haben

5. Frage an den Mitarbeiter nach Lösungsmöglichkeiten, z.B.:

   „Welche Möglichkeiten sehen Sie, zu verhindern, dass dieser Fehler nochmals auftritt?"

6. Gegebenenfalls Lösungsvorschläge der Führungskraft

7. Klärung, inwieweit bei der Lösung Hilfestellung durch die Führungskraft nötig ist

8. Konkretes Unterstützungsangebot der Führungskraft

9. Konkrete Vereinbarungen mit Verantwortlichkeiten, Terminierung und Rückmeldezyklus

Zusammenfassung des Gesprächsergebnisses

→ Hervorheben, wie wichtig die Klärung der verschiedenen Sichtweisen war

→ Gegebenenfalls Dank dafür aussprechen, dass der Mitarbeiter über die Hintergründe der Situation offen berichtet hat

Positives Gesprächsende

→ Zuversicht äußern, dass die besprochenen Maßnahmen zum gewünschten Ergebnis führen werden

Nachbereitung

Die Führungskraft sollte beobachten, ob der Mitarbeiter sein Verhalten ändert. Tritt keine Verbesserung der Situation ein, sind möglicherweise weitere Gespräche nötig. Die Führungskraft sollte dann verdeutlichen, dass sie eine Änderung des gegenwärtigen Zustandes unter allen Umständen anstrebt (beispielsweise dann, wenn der Mitarbeiter zwar sagt, dass er sein Verhalten ändern möchte, es aber bei einem bloßen Lippenbekenntnis bleibt).

TRETEN NACH DEM KRITIKGESPRÄCH DIE GEWÜNSCHTEN VERÄNDERUNGEN EIN, SOLLTE DIE FÜHRUNGSKRAFT ZEIGEN, DASS DIE SITUATION FÜR SIE BEREINIGT IST.

! Hinweise für konstruktive Kritik

→ Üben Sie Kritik aus einer unterstützenden Haltung heraus. Kritik soll helfen.

→ Führen Sie das Kritikgespräch möglichst bald nach dem betreffenden Vorfall.

→ Äußern Sie Kritik ausschließlich unter vier Augen.

→ Planen Sie hinreichend Zeit ein, denn bei der Ursachenklärung könnten sich tiefer liegende Schwierigkeiten zeigen (Beispiel: Familiäre Probleme als Ursache für unkonzentriertes Arbeiten).

→ Benutzen Sie eine beschreibende Sprache und seien Sie zurückhaltend mit Bewertungen.

→ Kritisieren Sie nur Verhaltensweisen, die der Gesprächspartner auch ändern kann.

→ Kritikpunkte begrenzen. Je mehr Kritikpunkte Sie ansprechen, desto weniger ändert sich.

→ Wärmen Sie keine alten Fehler auf.

→ Gestehen Sie ein, dass Sie sich geirrt haben, wenn neue Fakten auftreten oder sichtbar wird, dass man den Vorfall auch anders bewerten kann.

→ Trennen Sie Person und Verhalten. Als Person sollte sich Ihr Mitarbeiter weiterhin Ihrer Wertschätzung sicher sein.

→ Sie müssen die Thematik im Gespräch nicht abschließend behandeln. Zeigt sich, dass die Sache komplizierter ist als angenommen, können Sie sich und Ihrem Gesprächspartner Bedenkzeit einräumen und einen neuen Gesprächstermin vereinbaren. Dies entspannt die Situation.

→ Gehen Sie erst dann zur Lösungssuche über, wenn Übereinstimmung in der Bewertung der Situation hergestellt ist. Ohne Einsicht wird der Mitarbeiter auch die beste Lösung nicht überzeugt mittragen.

Reflexion

→ Wenn ich kritisiere
  – untertreibe ich?
  – übertreibe ich?
  – finde ich das rechte Maß?

Zu welchen Resultaten haben meine bisherigen Äußerungen von Kritik am Arbeitsplatz geführt?

→ Welche Schlussfolgerungen ziehe ich daraus?

→ Welche Kritikpunkte fallen mir ein, die ich in der letzten Zeit am Arbeitsplatz nicht angesprochen habe?

→ Sind diese Punkte noch aktuell und wichtig genug, sodass ich mit den Betreffenden unbedingt darüber sprechen sollte?

→ Oder sind die Punkte zuletzt wenig relevant, sodass ich innerlich damit abschließen und sie ‚vergeben und vergessen' sollte, damit sich kein unnötiger Ärger aufstaut?

4.4 Konfliktlösungsgespräche

Überall, wo Menschen zusammenleben und -arbeiten, entstehen früher oder später Konflikte. Sie entspringen verschiedenen Bedürfnissen der Individuen oder sind gleichsam fest in die Organisation eingebaut, etwa wo das Prinzip der Kollegialität und gegenseitigen Hilfeleistung mit dem Prinzip des internen Wettbewerbs um den Platz an den Futtertrögen zusammenstößt. Finanzielle, personelle und zeitliche Ressourcen sind praktisch immer begrenzt. Nicht alle Erwartungen an das Unternehmen, an Vorgesetzte und Kollegen können erfüllt werden.

KONFLIKTE SIND VÖLLIG NORMAL. DAS STREBEN, EIGENE INTERESSEN ZUR GELTUNG ZU BRINGEN, WO SIE MIT DEN INTERESSEN ANDERER KOLLIDIEREN, IST FESTER BESTANDTEIL UNSERER BIOLOGISCHEN AUSSTATTUNG.

Im Konfliktgeschehen zeigen sich oft starke Emotionen, zumal wenn man es eine Zeit lang verdrängt hat und nicht wahrhaben wollte. In Konflikten steckt viel Energie. Nicht selten nimmt diese Energie zerstörerische Züge an, zum Beispiel, wenn Drohungen ausgestoßen werden, wenn offen gekämpft wird oder wenn eiskalte Funkstille zwischen den Parteien herrscht. Konflikte haben vielfach einen schlechten Ruf, weil sie nicht selten zu spät angegangen werden. Man mag es lieber harmonisch und glaubt, die Harmonie aufrecht erhalten zu können, indem man den Konflikt nicht anspricht.

Doch auch die Konfliktvermeidung birgt Risiken. Die verdrängte Spannung wandert in den Untergrund und lässt dort Antipathien wachsen. Jetzt ist der Konflikt erst recht unkontrollierbar, der Eklat in jedem Augenblick möglich.

KONFLIKTE ENTHALTEN WICHTIGE INFORMATIONEN. SIE ZEIGEN, WO PROBLEME GELÖST UND ENTSCHEIDUNGEN GETROFFEN WERDEN MÜSSEN UND SIE SETZEN KREATIVITÄT FREI, WENN SIE RICHTIG ANGEGANGEN WERDEN.

Allerdings: Wenn persönliche Verletzungen das Bild prägen, wenn das Porzellan einmal zerschlagen ist, wenn das Vertrauen in die Zusammenarbeit ruiniert ist, gibt es oft keinen Weg mehr zurück. Es folgt nicht selten ein jahrelanger, schmerzvoller Prozess, bis einer der Konfliktbeteiligten das Feld räumt oder räumen muss, denn für eine Zusammenarbeit gibt es keine Perspektive mehr.

AM BESTEN FÜR DIE ORGANISATION UND DIE BETEILIGTEN IST ES DAHER, WENN KONFLIKTE FRÜHZEITIG WAHRGENOMMEN UND IN EINEM STADIUM BEARBEITET WERDEN, IN DEM SICH BETROFFENHEIT UND VORHANDENES ENGAGEMENT NOCH KONSTRUKTIV NUTZEN LASSEN.

Dies ist eine Führungsaufgabe – als Vorgesetzter sollten Sie nicht auf die Selbstregulation des Systems setzen. Lässt man den Konflikt ‚laufen‘, kann eine unheilvolle Dynamik entstehen, wie sie die hier zusammengefasste Stufenfolge beschreibt (nach Doppler/Lauterburg 1995):

Dramaturgie unkontrollierten Konfliktgeschehens

Die Diskussion

→ Die Sachfrage steht im Zentrum.
→ Das Problem ist nicht noch nicht auffällig.

Die Überlagerung

→ Man ‚glaubt‘ den Argumenten der Gegenseite nicht mehr.
→ Dem jeweils anderen werden Eigennutz, Taktik und Unaufrichtigkeit unterstellt.
→ Beziehungen werden aufs Spiel gesetzt.
→ Die Emotionen werden stärker.

Die Eskalation

→ Die Beteiligten sind empört und wütend.
→ Man sucht Verbündete.
→ Den Worten folgen Taten; man will den Konfliktgegner besiegen.
→ Irrationale Aktionen setzen die Logik außer Kraft.
→ Man registriert nur noch das, was bestehende Vorurteile bestätigt.

> Die Verhärtung
> → Eine Partei hat gesiegt oder es ist eine Pattsituation entstanden.
> → Man hat gelernt, mit der Situation umzugehen.
> → Man spricht nicht miteinander und geht sich aus dem Weg.
> → Die Kooperation bleibt auf der Strecke.
> → Die Konfliktenergie ist latent immer noch vorhanden: Der Konflikt kann jederzeit wieder aufbrechen.

Um Konflikte zu verstehen und und an der Wurzel lösen zu können, ist es wichtig herauszufinden, worin der eigentliche Konfliktpunkt besteht.

Es lassen sich sich hierbei typische Konfliktarten unterscheiden:
→ Zielkonflikte
Unterschiedliche Absichten stehen im Widerspruch zueinander.
→ Wahrnehmungskonflikte
Eine Situation wird von verschiedenen Personen unterschiedlich eingeschätzt und bewertet.
→ Wertkonflikte
Entscheidungen müssen auf der Basis gegenläufiger Prinzipien getroffen werden.
→ Verteilungskonflikte
Ein knappes Gut kann nur einmal verteilt werden.
→ Rollenkonflikte
Der Konflikt entsteht dadurch, dass zwei – oder mehr – Seelen in der Brust schlagen, z.B. berufliche und private Rolle, Spezialisten- und Führungsrolle.
→ Beziehungskonflikte
Dynamiken von Sympathien, Antipathien und nachwirkender alter Konflikte sorgen für Zwietracht.

? **Übung: Konfliktarten erkennen**

Beispiel: Welche Konfliktart liegt hier vor?

1. Teamleiter A und B wollen beide das schöne neue Eckbüro für sich beanspruchen. Im Gespräch mit dem Vorgesetzten will niemand von beiden nachgeben.   _____

2. Eine religiöse Glaubensgemeinschaft, der das Wohl jeder Seele am Herzen liegt, ist wegen knapper Finanzmittel gezwungen, Personal abzubauen.   _____

3. Der Vorgesetzte C lässt seinen sehr viel älteren Mitarbeiter D links liegen, da dieser C, als er vor einigen Jahren als Nachwuchsführungskraft in die Firma kam, in der Einarbeitungsphase von oben herab behandelt hatte.

4. Vertriebsmitarbeiter E blockiert durch die Anfertigung eines sehr aufwändigen Angebots seit Tagen die halbe Abteilung. Kollege F drückt seinen Ärger aus: Dieser Kunde werde sich wie immer für seinen alten Stammanbieter entscheiden, sodass man mit dem Angebot sicherlich nicht zum Zuge kommen werde; die Mühe sei vollkommen nutzlos.

5. Im Boardmeeting plädiert der Marketingleiter für die flächendeckende Eröffnung neuer Shops in allen Ballungszentren. Der Finanzchef winkt vor dem Hintergrund der Kostenplanung ab.

6. Die Führungskraft G muss einen der beiden Mitarbeiter H und I in eine – ungeliebte – Abteilung versetzen. Die Kompetenz- und Erfahrungsprofile der beiden Mitarbeiter sind recht ähnlich. Allerdings spielt die Führungskraft mit I regelmäßig im Verein Tennis.

(Einen Lösungsvorschlag finden Sie in Kap. 5, „Lösungen")

Freilich: Das Leben ist meist komplizierter als die Theorie: Manchmal gibt es am Arbeitsplatz – zumal wenn es eine lange ‚Geschichte' der Zusammenarbeit gibt oder sehr unterschiedliche Bedürfniskonstellationen aufeinandertreffen – auch Knäuel verschiedener Konflikte, die man zunächst einmal entwirren muss. Zum Beispiel: Teamleiter A mochte Teamleiter B nicht das schöne Eckbüro zugestehen, weil dieser seiner Meinung nach auch schon bei der Zuteilung interessanter Messe- und Kongressbesuche bevorzugt wurde.

Auf psychologischer Ebene lassen sich fünf Stile des Umgangs mit Konflikten unterscheiden:

Fünf Konfliktstile

Kämpfen

→ Man möchte um jeden Preis gewinnen – auf Kosten des Gegners. Die eigenen Interessen sollen so weit wie möglich durchgesetzt werden. Es ist einkalkuliert, dass es Gewinner und einen Verlierer geben wird.

Anpassung, Harmonisierung

→ Man gibt nach in der Hoffnung, dass sich dadurch die Wogen glätten. Vielleicht lassen sich die eigenen Interessen zu einem späteren Zeitpunkt ins Spiel bringen. Man ist bereit zu verlieren, um Beziehungen nicht zu gefährden.

Vermeidung und Verdrängung

→ Der Konflikt wird ausgeblendet. Man verlässt den Kampfplatz – aus Angst vor dem Gegner oder weil man einen günstigeren Zeitpunkt für den eigenen Angriff abpassen möchte.

Verhandeln und Kompromissbildung

→ Man versucht, zwischen den Positionen zu vermitteln, indem man sich auf halbem Wege entgegenkommt. Dabei werden die bekannten Argumente genutzt. Man möchte die Sache schnell vom Tisch bekommen. Es könnte aber passieren, dass dabei ein fauler Kompromiss herauskommt.

Zusammenarbeit und Problemlösung

→ Dies ist der optimale Konfliktstil. Man geht ernsthaft auf die Interessen des Konfliktpartners ein, ohne die eigenen Bedürfnisse zu verleugnen. Man möchte eine Lösung erarbeiten, die beide Seiten auf die bestmögliche Weise zufrieden stellt. Dieses Vorgehen nennt man (nach Gordon) auch die „Jeder-gewinnt-Methode". Das Ergebnis kann eine Lösung sein, die kreativer ist und weiter reicht als die ursprünglich verfolgten Einzelziele.

Werden Sie als Führungskraft mit einer Konfliktdynamik konfrontiert, ist es hilfreich, zunächst zu analysieren,

→ ob Sie unmittelbar Teil des Konflikts und damit vielleicht selbst Partei sind
→ oder ob Ihre Rolle darin besteht, einen Konflikt zu schlichten, in den Sie persönlich zunächst nicht involviert sind.

Der erste Fall wäre z.B. dann gegeben, wenn einer Ihrer Mitarbeiter sich von Ihnen ungerecht behandelt oder übergangen fühlt oder mit einer Ihrer Entscheidungen nicht zufrieden ist.

Der zweite läge vor, wenn ein Mitarbeiter sich darüber beklagt, dass ein Kollege, der sich in den Urlaub verabschiedet hat, einen – unnötig – vollen Schreibtisch mit Arbeitsaufträgen hinterlassen habe.

4.4.1 Die Führungskraft als Konfliktbeteiligter

> **?** Beispiel und Übung: Konfliktgespräch
>
> Führungskraft und Mitarbeiter haben gemeinsam ein Kundengespräch geführt, in dem ein angestrebter Verkaufsabschluss nicht erzielt werden konnte.
>
> Der Mitarbeiter – in der Situation der Fachexperte – hat den Eindruck, der Vorgesetzte habe das Gespräch an sich gerissen und unhaltbare Versprechungen gemacht, die der Gesprächspartner als Inkompetenz und leere Verkaufsrhetorik gedeutet habe.
>
> Der Vorgesetzte seinerseits findet, der Mitarbeiter sei das Gespräch zu defensiv angegangen. Er habe sich zu sehr in technische Details verzettelt und die große Linie aus den Augen verloren.
>
> Unmittelbar nach dem Kundengespräch hatten beide schon kurz ihrem Unmut Luft gemacht. Auf Anregung des Vorgesetzten soll nun ein Mitarbeitergespräch stattfinden, in dem dem Konflikt auf den Grund gegangen werden soll.
>
> Worauf sollte die Führungskraft in dem Gespräch besonders achten?
>
> _____
>
> _____
>
> _____
>
> (Einen Lösungsvorschlag finden Sie in Kap. 5, „Lösungen")

Auch im Konfliktgespräch kann der Vorgesetzte nicht aus seiner Chefrolle heraus, das heißt: Alle seine Äußerungen haben ein besonderes hierarchisches Gewicht. Daher ist es wichtig, dass er die Kunst, sich zurückzunehmen, beherrscht. Denn wenn er den Konflikt autoritär entscheidet, sind Folgewirkungen wie weitere Eskalationen oder die innere Kündigung eines Mitarbeiters möglich.

SORGEN SIE IM KONFLIKT MIT EINEM MITARBEITER DAFÜR, DASS DIESER SEIN GESICHT WAHREN KANN.

Zielsetzungen

→ Die Sichtweise des Mitarbeiters und mögliche tiefer liegende Konfliktursachen kennen lernen
→ Verständnis für die Sichtweise des Mitarbeiters zeigen

→ Die eigene Sichtweise und deren Hintergründe verdeutlichen
→ Gemeinsam neue Handlungsmöglichkeiten erarbeiten und bewerten
→ Das Fortbestehen einer emotional positiven Arbeitsbeziehung sichern

Vorbereitung

Gerade weil der Verlauf des Konflikts grundsätzlich über die künftige Zusammenarbeit entscheiden kann, ist es wichtig, das Konfliktgespräch sorgfältig vorzubereiten. Die Vorbereitung des Vorgesetzten sollte folgende Punkte umfassen:

→ Vergegenwärtigen der Fakten
→ Sich bei „älteren" Konflikten mit dem bisherigen Verlauf beschäftigen: Welches waren die Stationen? Was wurde schon unternommen, um den Konflikt zu bereinigen?
→ Bildung von Arbeitshypothesen zu möglichen Konflikthintergründen
→ Bewusstmachen der eigenen Emotionen
→ Sich hineinversetzen in den Mitarbeiter: Wie erlebt er vermutlich den Konflikt?
→ Erste Überlegungen zu Lösungsmöglichkeiten

! Ablauf des Konfliktgesprächs

Kontaktphase

→ Wegen des spannungsgeladenen Anlasses keinen Smalltalk
→ Positiv würdigen, dass das Konfliktgespräch zu Stande gekommen ist

Klärung der Themen, der Gesprächsziele und des Zeitrahmens

→ Konfliktthema kurz umreißen
→ Mitarbeiter nach seinem Anliegen, seiner Zielsetzung fragen
→ Eigene Zielsetzung offenlegen: Geht es der Führungskraft darum,
  – die Meinung ihres Gesprächpartners kennen zu lernen,
  – Meinungen auszutauschen,
  – Lösungsmöglichkeiten zu sondieren oder
  – eine Klärung in diesem Gespräch herbeizuführen?
→ Möglichst Konsens über den Zielrahmen herstellen

Themenbearbeitung

1. Die Konfliktsituation aus Sicht des Mitarbeiters – mit Nachfragen der Führungskraft: Wahrnehmungen, Erleben (auch emotional), gegebenenfalls: Vorgeschichte klären
2. Die Konfliktsituation aus der Sicht des Vorgesetzten – den Mitarbeiter zu Nachfragen einladen: Wahrnehmungen, Erleben (auch emotional), gegebenenfalls: Vorgeschichte klären

3. Perspektiven einer möglichen Lösung: **Gemeinsame Interessen, welche Nicht-Übereinstimmungen müssen noch überbrückt werden?**

4. Konkrete Lösungsideen; Check: **Ist die Lösung gegebenenfalls auch für andere involvierte Personen / Bereiche tragbar?**

5. Vereinbarungen treffen

Zusammenfassung des Gesprächsergebnisses

→ Gegebenenfalls weiteres Vorgehen vereinbaren

Positives Gesprächsende

→ Gespräch als Schritt auf dem Weg zu einer nachhaltigen Lösung des Konflikts würdigen

Nachbereitung

Nach dem Gespräch sollte die Führungskraft ihre Wahrnehmung darauf richten, wie sich die Stimmungslage des Mitarbeiters entwickelt. Vor allem gezeigtes Verhalten (Körpersprache, Blickkontakt, Austausch suchen oder aus dem Weg gehen) lässt Rückschlüsse darauf zu, ob Entspannung eintritt oder der Konflikt weiter besteht. Der Vorgesetzte sollte mit dem Mitarbeiter im Gespräch bleiben und das gegenseitige Vertrauen weiter festigen.

! Hinweise für Konfliktlösungsgespräche

→ Konfliktlösungen kann man nicht über das Knie brechen. Daher nehmen Sie sich für das Gespräch genügend Zeit.

→ Überlassen Sie Ihrem Gesprächspartner hohe Redeanteile.

→ Fixieren Sie sich nicht auf einzelne Positionen, sondern erkunden Sie die tiefer liegenden Interessen Ihres Gesprächspartners. **Hier liegt oft der Schlüssel für eine Lösung (z.B. langfristige Aufstiegschancen statt unmittelbarer Verantwortungsübernahme).**

→ Praktizieren Sie aktives Zuhören.

→ Verwenden Sie neutrale, beschreibende Formulierungen, **um Ihren Standpunkt darzulegen.**

→ Seien Sie freigebig mit Informationen.

→ Legen Sie Ihre Interessen und Ziele offen, **damit Ihr Gesprächspartner Sie besser einschätzen kann.**

→ Betonen Sie Gemeinsamkeiten.

→ Drücken Sie Ihre eigenen Gefühle in Form von Ich-Botschaften aus, um Ihr Gegenüber nicht zu verletzen.

→ Halten Sie Ihre Stimme und Ihre Atmung entspannt und ruhig.

→ Bleiben Sie sachlich, auch wenn Ihr Gesprächspartner Sie angreift.

→ Zeigen Sie, dass Sie bereit sind, sich zu bewegen.

→ Treten neue Fakten auf oder mangelt es an Gesprächsimpulsen, nehmen Sie sich eine Denkpause oder vereinbaren Sie einen neuen Termin.

→ Suchen Sie erst dann nach Lösungen, wenn Einigkeit über die Problembeschreibung herrscht.

→ Warten Sie mit der Bewertung verschiedener Lösungsoptionen, bis mehrere Alternativen auf dem Tisch liegen.

→ Vereinbaren Sie ‚Spielregeln‘, um ein Wiederaufflackern des Konflikts zu vermeiden.

4.4.2 Die Führungskraft als Konfliktschlichter

Ziel der Konfliktbegleitung sollte es sein, die Beteiligten durch methodisches Vorgehen darin zu unterstützen, den Konflikt im direkten Gespräch miteinander *selbst* zu lösen. Den Konflikt wie ein Richter entscheiden sollte er nur, wenn alle seine Moderationsversuche nichts nützen. Nach Möglichkeit sollte er nicht Partei ergreifen.

Oft ist es sinnvoll, sich die Konfliktsichten der betroffenen Mitarbeiter zunächst in Einzelgesprächen schildern zu lassen, um ein Bild über den Emotionalisierungsgrad und aussichtsreiche Ansatzpunkte der Konfliktregelung zu gewinnen. Die Führungskraft sollte die Parteien in diesen Gesprächen um Lösungsideen bitten und Vorgehensideen für ein gemeinsames Gespräch vorklären.

Ist der Konflikt bereits in eine Phase gelangt, in der ein direktes Gespräch vermutlich entgleisen und dadurch noch mehr Öl ins Feuer gegossen würde, ist der Vorgesetzte gefordert, den Prozess der Konfliktlösung aktiv zu steuern, um gravierenderen Konsequenzen in seinem Arbeitsbereich (weitere Eskalationen, innere Kündigung Einzelner) vorzubeugen. Zudem sollte der Vorgesetzte das Gesamtteam in Auge behalten.

DURCH EINEN KONFLIKT EINZELNER PERSONEN SOLLTE NICHT DIE ZUSAMMENARBEIT ALLER BESCHÄDIGT WERDEN.

Um dies zu erreichen, müssen manchmal unbequeme Entscheidungen getroffen werden, um Transparenz und Prozesssicherheit für das Team zu sichern. Hierzu gehört die Klarheit über Zuständigkeiten, Abläufe und darüber, wer welche Ressourcen und Befugnisse besitzt.

Beraumt die Führungskraft als Moderator ein Konfliktregelungsgespräch zwischen den beteiligten Parteien an, ist ein Vorgehen in den nachfolgend dargestellten sechs Phasen sinnvoll (nach Doppler/Lauterburg 1995).

Phasenmodell der Konfliktregelung

Phase 1: Vorbereitung

→ Als Moderator Kontakt zu beiden Seiten halten

→ Geschichte und Hintergründe des Konflikts aus den Perspektiven beider Seiten erkunden

→ Interessen der Parteien sondieren

→ Voraussetzungen für die direkte Kommunikation schaffen: Mut machen und Perspektiven aufzeigen

→ Spielregeln für die direkte Begegnung der Konfliktparteien vorschlagen

Phase 2: Eröffnung des direkten Gesprächs der Beteiligten

→ Bestätigung der in den Vorgesprächen abgesteckten Rahmenbedingungen:
  – Definition der Ausgangslage
  – Ziel des Prozesses
  – Vorgehensschritte
  – Spielregeln
  – Rolle des Moderators
  – Zeitplan

Phase 3: Konfrontation

→ Offene Schilderungen der Sicht der Dinge durch die Parteien; persönliches Erleben der Konfliktgeschichte und der Emotionen.

→ Sicherung der Einhaltung der Spielregeln durch den Moderator:
  – Die Parteien sprechen nacheinander – ohne Unterbrechung durch die andere Seite.
  – Die Beiträge werden bis zum Ende angehört; danach sind Verständnisfragen möglich.
  – Eine Diskussion der Beiträge findet zunächst nicht statt.

Phase 4: Auswertung

→ Sorgfältige Würdigung aller Aspekte, wenn alle Fakten, Sichtweisen und Emotionen auf dem Tisch liegen:
  – Ordnen der Aspekte zu Themenkreisen
  – Klärung offener Fragen
  – Festhalten neuer Erkenntnisse
  – Klärung von Missverständnissen
  – Möglichkeit, über alte ,Wunden' offen zu sprechen

Phase 5: Verhandlung

→ Freilegen tiefer liegender Interessen, sachlicher und emotionaler Anliegen

→ Sammeln von Lösungsideen

→ Prüfung der Tragfähigkeit der Ideen; Diskussion, Aushandeln von Ergebnissen

→ Verabredung von Maßnahmen

→ Besprechung des Vorgehens im Falle möglicher Pannen

→ Vereinbarung von Spielregeln für den weiteren Umgang miteinander

→ Festlegen eines Termins für ein erneutes Treffen, um Zwischenbilanz zu ziehen

Phase 6: Realisierung

→ Einhaltung der Spielregeln im Auge behalten

→ Gradweise Normalisierung des Arbeitsklimas

Oft zeigen die Vorgespräche mit den Konfliktbeteiligten, dass das aktuelle Problem durch ein ganzes Knäuel verschiedenartiger, oft weit in die Vergangenheit reichender Konflikte ausgelöst wurde. Dieses Knäuel gilt es zu entwirren, um künftigen ähnlich gelagerten Auseinandersetzungen den Boden zu entziehen.

Schon das offene Ansprechen dieser Themen in den Vorgesprächen ist ein wichtiges Element eines konstruktiven Konfliktverlaufs. Die Themen kommen in Fluss; probehaftes Formulieren hilft, im späteren Dialog mit dem Konfliktpartner die richtigen Worte für das Geschehene zu finden.

Der Vorgesetzte sollte den Konfliktparteien in den Vorgesprächen vor allem geduldig zuhören. Durch Wiederholen und Verdichten ihrer Beiträge kann er zur Verständnissicherung beitragen. Er sollte behutsam Impulse geben, sich in die andere Seite hineinzuversetzen, und die Parteien mit den Spielregeln des späteren moderierten Konfliktbewältigungsgesprächs vertraut machen. Mit den Beteiligten sollte er eine Zielsetzung für die Konfliktregelung erarbeiten, die beide Parteien akzeptieren können. Ebenso sollte er vorab Rahmenbedingungen klären: Worüber soll gesprochen werden, worüber nicht?

Vermeiden sollte es der Vorgesetzte dagegen, Positionen zu bewerten oder eigene Lösungen ins Spiel zu bringen.

Auch sollte er Verschwiegenheit bewahren und die Informationen, die er von den Konfliktpartnern erhält, für sich behalten. Dagegen ist es möglich und oft sinnvoll, dass Informationen über ihn als Mittler im Auftrag einer Partei an die andere Partei weitergegeben werden.

Zielsetzungen

→ Dialog in Gang setzen
→ Bereitschaft befestigen, sich an Spielregeln zu halten
→ Emotionen deeskalieren / Verhärtungen auflösen
→ Offenes Gespräch über Interessen, Erfahrungen und Emotionen fördern
→ Dafür Sorge tragen, dass alle Beteiligten ihr Gesicht wahren können
→ Lösungsansätze finden und gemeinsam bewerten
→ Vereinbarungen treffen

Nicht alle Zielsetzungen müssen im ersten Gespräch erreicht werden. In einem seit langem verhärteten Konflikt das Ziel „Dialog in Gang setzen" zu erreichen, kann bereits ein großer Erfolg sein.

Oft ist es sinnvoll, mehrere Treffen anzuberaumen, damit die Konfliktbeteiligten zwischen den Gesprächen neue Erkenntnisse und Vorschläge bedenken und emotional verarbeiten können.

Vorbereitung

In den Vorgesprächen hat der Konfliktmoderator ein Bild von der Situation gewonnen. Auf dessen Grundlage denkt er die Eckpunkte des Konfliktbewältigungsgesprächs vor:

→ Planung des Grobablaufs mit ungefähhrem Zeitansatz
→ Vorsortierung von Fragenkreisen, in die sich der Konflikt aufgliedern lässt und die das Gespräch strukturieren könnten
→ Vergegenwärtigung möglicher Eigenanteile am Konflikt als Vorgesetzter (wie damit im Gespräch umgehen?) – eine reine Neutralität ist aus der Vorgesetztenrolle heraus oft nicht verwirklichen; Ziel: so gut als möglich ‚Allparteilichkeit' herstellen

! Ablauf des Schlichtungsgesprächs

Kontaktphase

→ Positives Klima herstellen
→ Ansonsten keine langen Vorreden

Klärung der Themen, der Gesprächsziele und des Zeitrahmens

→ Konfliktthema benennen

→ Kurz auf die Vorgespräche eingehen; wie ist es zu diesem moderierten Treffen gekommen?

→ Die im Vorfeld mit beiden Parteien erarbeitete Zielsetzung formulieren

→ Abgesprochene Rahmenbedingungen wiederholen

→ Spielregeln nennen und bestätigen lassen

Themenbearbeitung

1. Darstellung der Konfliktsicht durch die erste Partei; Verständnisfragen der anderen Partei

2. Darstellung der Konfliktsicht durch die zweite Partei; Verständnisfragen der anderen Partei

3. Sondierung der Teilthemen, in die sich der Konflikt aufgliedern lässt

4. Einigung auf die Abfolge, in der die Themen bearbeitet werden sollen

5. Detaillierte Besprechung der einzelnen Themen:
   – Situation
   – Interessen und Bedürfnisse der Parteien
   – Lösungsideen
   – Diskussion der Ansätze
   – Möglichen besten Lösungsweg festhalten

6. Nach der Besprechung aller Punkte Lösungsweg beschließen

7. Umsetzung planen: Zeitrahmen, Verantwortlichkeiten

8. Spielregeln für die weitere Kooperation gemeinsam festlegen

→ Können im ersten Gespräch nicht alle Bearbeitungsschritte durchlaufen werden, sollten weitere Treffen vereinbart werden.

Zusammenfassung des Gesprächsergebnisses

→ Geleistete Arbeit würdigen

→ Termin für Fortsetzung bzw. Zwischenbilanz vereinbaren

Positives Gesprächsende

→ Bei positivem Verlauf konstruktiven Gesprächsstil würdigen

Nachbereitung

Die Führungskraft sollte im Auge behalten, ob die vereinbarten Maßnahmen umgesetzt werden, und sie sollte wahrnehmen, wie sich die Zusammenarbeit der Konfliktpartner entwickelt. Es gilt: Interesse zeigen, ohne sich aufzudrängen.

JE WENIGER DER MODERATOR WEITERHIN GEBRAUCHT WIRD UND JE ENGER SICH DER KONTAKT ZWISCHEN DEN EHEMALIGEN ‚GEGENSPIELERN‘ GESTALTET, DESTO BESSER.

Die Verantwortung für die weiteren Schritte sollte mehr und mehr in die Hände der Beteiligten gelegt werden.

! Tipps für Konfliktmoderatoren

→ Eine Konfliktmoderation sollten Sie nur dann übernehmen, wenn beide Parteien gesprächsbereit sind. Ist ein Scheitern des Prozesses vorhersehbar, sollten Sie auf den Schlichtungsversuch verzichten und möglicherweise eine hierarchische Entscheidung vorziehen.

→ Auf folgende Spielregeln sollten Sie die Beteiligten verpflichten:
  – Beide Parteien sind gleichberechtigt.
  – Beide Parteien dürfen ausreden, ohne unterbrochen zu werden.
  – Zuhören, um die Sicht der anderen Seite zu verstehen!
  – Probleme sollen offen und direkt angesprochen werden.
  – Verhalten, Fakten, Ansichten u. Erfahrungen konkret beschreiben.
  – Keine Vorwürfe und Anschuldigungen.
  – Gefühle dürfen und sollen ausgedrückt werden.
  – Anwesende Personen sollen direkt angesprochen werden.

→ Beginnen Sie mit leichten Punkten, auf die man sich gegebenenfalls schnell einigen kann.

→ Bei Regelverstößen sollten Sie klar intervenieren, sonst wird der Verstoß zum Standard.

→ Seien Sie geduldig.

→ Beide Seiten sollten Ihre Wertschätzung erfahren.

→ Sie können konkret fragen, wie die Parteien die Beiträge der Gegenseite wahrnehmen, welche Interessen und Bedürfnisse sie aufnehmen. So fördern Sie die Kommunikation der Konfliktparteien untereinander.

→ Halten Sie Gemeinsamkeiten fest – aber ohne Übertreibung.

→ Nehmen Sie Ihre Moderationsaktivitäten zurück, wenn Sie wahrnehmen, dass die Konfliktparteien in einen produktiven Dialog gelangen. Stören Sie sie nicht dabei, neues konstruktives Verhalten auszuprobieren.

→ Stellen Sie von Ihnen wahrgenommene positive Gesprächsaspekte heraus und formulieren Sie Anknüpfungspunkte, wenn sich der Dialog nicht von allein trägt.

→ Bewahren Sie in jeder Phase Ihre Neutralität.

→ Verhalten Sie sich im moderierten Gespräch genauso wie in den vorangegangenen Vorgesprächen unter vier Augen. Durch Ihre Glaubwürdigkeit erhöhen Sie das Vertrauen in den Lösungsprozess.

→ Definitive Entscheidungen über die einzelnen Punkte sollten erst dann getroffen werden, wenn alle Themen besprochen sind und das Gesamtbild der Teilergebnisse abgewogen werden kann.

→ Dokumentieren Sie als Moderator die Ergebnisse in Abstimmung mit den Beteiligten; dies sichert die Neutralität des Protokolls und entlastet die Parteien davon, die Ergebnisse selbst mitschreiben zu müssen.

4.5   Das Zielvereinbarungsgespräch

Ziele motivieren. Ziele geben dem Handeln eine Richtung. Zielvereinbarungen sind eines der erfolgreichsten Konzepte der Unternehmensführung. Daher wird man kaum ein mittelständisches oder größeres Unternehmen finden, das nicht „Führen mit Zielvereinbarungen" in der ein oder anderen Form praktiziert. Auf der Grundlage der strategischen Unternehmensziele werden Teilziele für Unternehmenseinheiten und Arbeitsbereiche abgeleitet. Auf der operativen Ebene werden diese Ziele bis hin zum einzelnen Mitarbeiter konkret ausdifferenziert.

In der Praxis zielbezogener Führung ist zu unterscheiden, ob mit einer Zielvorgabe gearbeitet wird – wie in vielen Vertriebsbereichen – und der Mitarbeiter nur noch das ‚Wie' der Zielerreichung mitgestalten kann oder ob eine Zielvereinbarung im eigentlichen Sinne angestrebt wird, bei der der Mitarbeiter die Zieldefinition selbst beeinflussen kann. – In diesem Arbeitsbuch soll es um das Zielvereinbarungsgespräch mit aktiver Beteiligungsmöglichkeit des Mitarbeiters gehen.

Ziele sind etwas sehr Persönliches. Wir können nicht jemand anderem unsere Ziele diktieren oder einpflanzen. Dieser Punkt menschlicher Autonomie wird in der Zielvereinbarungsdiskussion manchmal etwas zu wenig in den Blick genommen. Damit

Ziele hier nicht nur als eine Führungsmethodik erscheinen, sind Sie eingeladen, zunächst ein wenig über sich selbst nachzudenken.

Reflexion I – zur Einstimmung

Ziele werden dann wirksam, wenn es sich um unsere *eigenen* Ziele handelt. Nehmen Sie sich für die Überlegungen, welches Ihre beruflichen Ziele sind, ruhig einige Minuten Zeit. (Weiter unten kommen wir auf diese Reflexion noch einmal zurück.)

Welches sind Ihre beruflichen Ziele

→ langfristig:

_____

→ mittelfristig (drei bis fünf Jahre)

_____

→ kurzfristig (zwölf Monate)

_____

Zielvereinbarungen im Unternehmen zu leben bedeutet, die individuelle Zielperspektive und die Zielperspektive des Unternehmens – immer wieder – auszuhandeln. Für Mitarbeiter, Unternehmen und Führungskraft bieten in diesem Sinne praktizierte Zielvereinbarungen viele Vorteile; einige finden Sie hier zusammengestellt:

Nutzen für den Mitarbeiter

→ Klare Orientierung über die Ziele des Unternehmens, des eigenen Arbeitsbereichs sowie über Anforderungen an die persönliche Arbeitsleistung
→ Aktive Teilhabe an der Gestaltung der eigenen Arbeit
→ Verstärkte Eigenverantwortung, größerer Spielraum
→ Transparente Beurteilungskriterien
→ Sicherung von Ressourcen und Kompetenzen, die für die eigenen Aufgaben benötigt werden
→ Berücksichtigung persönlicher Entwicklungsziele
→ Mehr Erfolgserlebnisse durch erreichte Ziele

Nutzen für das Unternehmen

→ Leichtere Koordinierung von Prozessen durch die Vereinbarung von Gesamt- und Teilzielen – Vermeidung von Doppelarbeiten
→ Einbeziehung von Expertenwissen des Mitarbeiters in Planungsprozesse
→ Vereinfachung der Mitarbeiterbeurteilung durch messbare Ziele
→ Steigerung der Identifikation des Mitarbeiters mit den Arbeitsinhalten

→ Schaffung von Freiräumen für Kreativität und Innovationen, die dem Unternehmen zugutekommen
→ Verbessertes Leistungsverhalten (siehe Kasten unten)
→ Förderung der Selbstkontrolle des Mitarbeiters
→ Verkürzung von Abstimmungsprozessen im Tagesgeschäft durch klar geregelte Prioritäten

Nutzen für die Führungskraft

→ Weniger Aufwand für Einzelanweisungen
→ Dadurch mehr Zeit für strategische Aufgaben
→ Bessere langfristige Ergebnisorientierung gegenüber Einzelanweisungen – effizientere Führung
→ Breitere Grundlage für Entscheidungen durch verbesserte Einbeziehung von Mitarbeiterwissen
→ Besserer Überblick über Prioritäten im eigenen Arbeitsbereich
→ Erleichterte Beurteilung durch wenige klare Messkriterien hinsichtlich der Zielerreichungsgrade

Viele Studien zeigen, dass sich Ziele unter bestimmten Voraussetzungen positiv auf die Leistung auswirken (vgl. Locke u. Latham 1992). Vereinbart man mit einem Mitarbeiter ein anspruchsvolles konkretes Ziel, so wird er in aller Regel eine größere Leistung erbringen, als wenn man nur mit ihm verabredet, er möge ‚sein Bestes' tun.

Auf der Basis von Zielen werden handlungsrelevante Informationen bevorzugt aufgenommen. Ziele unterstützen die Unterscheidung von Wichtigem und Unwichtigem. Die Energien werden auf Prioritäten gelenkt. Ziele fördern Planung und Strategiebildung. Bei anspruchsvollen Zielen nehmen Ausdauer und Engagement zu. Erreichte Ziele geben Selbstbewusstsein, und zwar umso mehr, je genauer ein Mitarbeiter seinen eigenen Beitrag zur Erreichung des Ziels kennt. Hierdurch steigt die Überzeugung, auch künftig das, was man sich vornimmt, erreichen zu können.

Unter folgenden Voraussetzungen entfalten Zielvereinbarungen ihre volle Kraft:

Voraussetzungen für Ziele

→ Die Ziele müssen von allen Beteiligten akzeptiert und als wertvoll angesehen werden.
→ Die Ziele müssen anspruchsvoll, jedoch erreichbar sein.
→ Die Ziele müssen spezifisch formuliert sein, d.h. Inhalt, Umfang und zeitlicher Bezug des jeweiligen Ziels müssen klar sein.
→ Der Mitarbeiter muss ein regelmäßiges spezifisches Feedback zu seiner Leistung erhalten.
→ Die Zielerreichung sollte mit positiven Konsequenzen verbunden sein.

Arten von Zielen

Man kann aufgaben-, handlungs- und entwicklungsbezogene Ziele unterscheiden.

- Aufgabenbezogene Ziele

Aufgabenbezogene Zielvorschläge zu formulieren bereitet in der Regel kaum Schwierigkeiten. Der Erreichungsgrad kann im Anschluss anhand konkret vorliegender Zahlen und Fakten unmittelbar gemessen werden.

> → *„Der Umsatz des Produktes XY wird bis zum Jahresende um 15 Prozent erhöht."*
> → *„Der Krankenstand in der Abteilung Auftragsbearbeitung wird in diesem Jahr um zwei Prozent gesenkt."*
> → *„Die Zahl der Verbesserungsvorschläge wird im nächsten Berichtszeitraum um 50 Prozent erhöht."*

- Handlungsbezogene Ziele

Besonders in solchen Bereichen sind handlungsbezogene Ziele wichtig, in denen Ergebnisse manchmal nicht so leicht in Gramm und Euro zu messen sind, wo der Erfolg aber entscheidend vom Tun der Menschen abhängt. Dies gilt zum Beispiel in verwaltenden und dienstleistenden Bereichen sowie bei Führungsfähigkeiten.

> → *„Angebote werden ab sofort innerhalb von drei Tagen erstellt. Das Telefon soll nicht öfter als dreimal klingeln, bis abgehoben wird. Diese Absprachen gelten zunächst für ein halbes Jahr."*
> → *„Die Weiterentwicklung der Mitarbeiter wird dadurch gefördert, dass der Vorgesetzte innerhalb des nächsten Quartals mit jedem Mitarbeiter ein Entwicklungsgespräch führt und entsprechende Entwicklungs- und Fördermaßnahmen mit den Mitarbeitern vereinbart. Die Maßnahmen sollen innerhalb des kommenden Jahres realisiert werden."*

Gerade bei den handlungsbezogenen Zielen sollten regelmäßige Standortbestimmungen angesetzt werden. Darüber hinaus sollten Führungskraft und Mitarbeiter gemeinsam eine Antwort auf folgende Frage finden:

> → *„Woran werden wir erkennen können, dass das Ziel erreicht worden ist?"*

- Persönliche entwicklungsbezogene Ziele

In der heutigen ‚lernenden' Organisation sind persönliche Entwicklungsziele besonders wichtig. Sich fachlich und persönlich weiterentwickeln zu können, stellt einen attraktiven Anreiz dar, der den Mitarbeiter oft stärker an das Unternehmen bindet als die Aussicht auf ein höheres Gehalt.

> → *„Der Mitarbeiter baut seine Englischkenntnisse aus, um Verhandlungen und Schriftwechsel professionell auf Englisch gestalten zu können. Mit einem entsprechenden Kurs wird sofort begonnen; nach drei Monaten startet die Umsetzung des Gelernten. Das Aufgabengebiet des Mitarbeiters wird entsprechend erweitert."*
> → *„Der Teamleiter absolviert eine Train-the-Trainer-Ausbildung, um den internen Wissenstransfer zu professionalisieren. Die Seminargebühren übernimmt das Unternehmen; dafür investiert der Teamleiter persönliche Freizeit in die Fortbildung."*

Ziele „smart" formulieren

Manchmal findet man Zielvorschläge wie: *„Arbeiten Sie so gut weiter wie bisher."* Oder: *„Im kommenden Jahr sollten Sie sich mehr um die Kundenzufriedenheit kümmern."* Oder: *„Bauen Sie Ihren kooperativen Führungsstil weiter aus."* Solche Zielvorstellungen sind zu unpräzise. Die Frage, ob das Ziel erreicht wurde oder nicht, könnte man nach Ablauf eines Jahres, je nach Perspektive, sehr unterschiedlich beantworten.

SOLLEN ZIELE NACHHALTIG WIRKEN, KOMMT ES AUF DIE FORMULIERUNG AN.

Für die richtige Formulierung von Zielen hat sich die SMART-Formel bewährt:

Die SMART-Formel zur Zieldefinition		
S	Spezifisch	Genaue Beschreibung des erwünschten Zustandes
M	Messbar	Angabe von Kriterien, damit sich der Erfolg überprüfen lässt (Prozent, Stück, Euro ...)
A	Aktiv beeinflussbar	Der Mitarbeiter kann die Zielerreichung selbst steuern
R	Relevant	Auf die Unternehmensziele bezogen herausfordernd, aber erreichbar
T	Terminiert	Angabe des Endtermins, bis zu dem das Ziel erreicht werden sein soll

Damit Zielformulierungen mental optimal wirken und unsere Energien auf die Realisierung fokussieren, kann man zusätzlich auf folgende Gestaltungsregeln achten:

! Gestaltungsregeln für Zielformulierungen

→ Zielformulierungen sollen keine Negationen enthalten. Sagen Sie nicht: *„Es soll darauf geachtet werden, dass unsere Meetings nicht mehr so lange dauern"*, sondern: *„Die Meetings sollen auf 60 Minuten begrenzt werden."*

→ Die Zielformulierungen sollen keine Vergleiche enthalten wie *„besser als ..."*, *„mehr als ..."*, *„so gut wie ..."* Beschreiben Sie eindeutig, was Sie erreichen möchten.

→ Ziele werden am besten innerlich verankert, wenn man sich den erwünschten Zustand bildlich vorstellen kann.

→ Ein Zuviel an Zielen würde den Vereinbarungsprozess entwerten. Drei bis fünf Ziele für eine Zielperiode – im Führungsalltag werden meist Ziele für ein Jahr vereinbart – sind genug.

Reflexion II

Nun können Sie noch einmal auf die Ziele schauen, die Sie in Reflexion I
für sich gefunden haben, vor allem auf die kurzfristigen Ziele (zwölf
Monate) und die mittelfristigen Ziele (drei bis fünf Jahre).

→ Entsprechen die Ziele den SMART-Kriterien und den voranstehenden
   Gestaltungsregeln?

→ Welche Modifikationen würden Sie noch vornehmen?

? Übung: Zielvorschläge erarbeiten

Sie wollen mit einem Ihrer Mitarbeiter ein Zielvereinbarungsgespräch
führen. Stellen Sie sich hierfür einen konkreten Mitarbeiter vor, für den
Sie Führungsverantwortung tragen. Sie wissen noch nicht, welche Zielperspektiven Ihr Mitarbeiter in das Gespräch hineinbringen wird:
Gleichwohl wollen Sie sich schon Gedanken darüber machen, welche
relevanten Ziele Sie dem Mitabeiter gerne vorschlagen möchten.

Formulieren Sie hierzu für jede Zielart mindestens ein Ziel nach den
SMART-Kriterien:

→ Aufgabenbezogene Ziele:

_____

→ Handlungsbezogene Ziele:

_____

→ Persönliche Entwicklungsziele:

_____

Gesprächsvorbereitung

ERGEBNIS DES ZIELVEREINBARUNGSGESPRÄCHS IST DIE PLANUNG DER WESENT-
LICHEN LEISTUNGSPARAMETER FÜR DAS KOMMENDE JAHR. FÜHRUNGSKRAFT
UND MITARBEITER SOLLTEN DAS GESPRÄCH DAHER INTENSIV VORBEREITEN.

Über folgende Themenkreise sollten sich Führungskraft und Mitarbeiter vor dem Zielvereinbarungsgespräch Gedanken machen.

→ Mittel- und langfristige Unternehmensziele

→ Mittel- und langfristige Ziele des Unternehmensbereichs

→ Möglicher Beitrag des Mitarbeiters zur Weiterentwicklung des Arbeitsbereichs
→ Voraussichtliche Arbeitsschwerpunkte des Mitarbeiters im kommenden Jahr
→ Konkrete Ziele des Mitarbeiters für das kommende Jahr
→ Priorisierung der Ziele
→ Für die Zielerreichung notwendige Ressourcen
→ Für die Zielerreichung notwendige Entwicklungs-/Trainingsmaßnahmen

Es ist sinnvoll, die Themenkreise in Form von Fragen schriftlich zu formulieren und diese dem Mitarbeiter vor dem Gespräch zur Verfügung zu stellen. Eine Anregung für einen (auführlichen) Fragenkatalog finden Sie im Kapitel zum Mitarbeiterjahresgespräch (Kap. 4.7).

Formular für das Zielvereinbarungsgespräch

Zielvereinbarungen sollten unbedingt schriftlich dokumentiert werden. Dadurch wird die Bedeutung der Ziele unterstrichen und die Verbindlichkeit der Absprachen erhöht. Ein standardisiertes Formular ist hierfür hilfreich. Auf der gegenüberliegenden Seite finden Sie eine Anregung.

Gesprächsablauf

Vor allem bei der erstmaligen Durchführung eines Zielvereinbarungsgesprächs sollte die Führungskraft mit dem Mitarbeiter im Vorfeld zunächst ein kurzes Einstimmungsgespräch führen, in dem sie ihn über Sinn und Zweck des Zielvereinbarungsgesprächs informiert, Vorfragen zum Ablauf klärt und die Leitfragen zur konkreten Vorbereitung übergibt.

Der Ablauf des eigentlichen Zielvereinbarungsgesprächs kann sich folgendermaßen gestalten:

! Ablauf des Zielvereinbarungsgesprächs

Kontaktphase

→ Kurzes Warm-up

Klärung der Themen, der Gesprächsziele und des Zeitrahmens

→ Bedeutung des Zielvereinbarungsgesprächs (anknüpfend an das Vorgespräch)
→ Gesprächsablauf vorschlagen

Themenbearbeitung

1. Information über die Ziele des Unternehmens und des Arbeitsbereichs durch die Führungskraft; anschließend Rückfragen des Mitarbeiters.

Protokoll zur Zielvereinbarung	Name der Mitarbeiterin / des Mitarbeiters:			Name der Führungskraft:		Datum:	
Ziel	Priorität	Messkriterium (Woran ist die Zielerreichung erkennbar?)	Hilfsmittel Ressourcen	Förderungs- maßnahmen (z.B. Fortbil- dung)	Erste Schritte, Maßnahmen	Termin (Bis wann soll das Ziel erreicht sein)

Unterschrift der Mitarbeiterin / des Mitarbeiters

Unterschrift der Führungskraft

Abb. 4: Muster für ein Formular zur Dokumentation von Zielvereinbarungsgesprächen

2. Skizzierung anzustrebender mittel- und langfristiger Entwicklungen des Arbeitsbereichs aus Sicht des Mitarbeiters

3. Hauptaufgaben des Mitarbeiters im nächsten Vereinbarungszeitraum aus Sicht des Mitarbeiters

4. Zielvorschläge des Mitarbeiters

5. Hauptaufgaben des Mitarbeiters im nächsten Vereinbarungszeitraum aus Sicht der Führungskraft

6. Zielvorschläge für den Mitarbeiter aus Sicht der Führungskraft

7. Diskussion der Zielvorschläge

8. Vereinbarung der Ziele; Detailabsprachen (Termin, Kompetenzen, Ressourcen, Unterstützung, Maßnahmen).

9. ‚Hygienecheck': Kann der vereinbarte Zielkatalog bewältigt werden? Sonst Nacharbeit des Zielkatalogs, um vor Überforderung zu schützen

Zusammenfassung des Gesprächsergebnisses

→ Wiederholen der wichtigsten Punkte
→ Termin für ein Zwischengespräch (Meilensteingespräch) vereinbaren (z.B. nach sechs Monaten)

Positives Gesprächsende

→ Bedeutung des Informationsaustausches und des Gesprächsergebnisses würdigen

Nachbereitung

Die Führungskraft sollte beobachten, ob der Mitarbeiter die vereinbarten Ziele motiviert angeht oder ob diese – etwa wegen Überlastung im Tagesgeschäft – zurückgestellt werden (müssen). Wenn die Führungskraft positive Signale aufnimmt, reichen regelmäßige kurze Feedbackschleifen bis zum nächsten Meilensteingespräch aus. Werden dagegen negative Signale aufgenommen, sollte bald ein neues Gespräch anberaumt werden, um die Ursachen zu ergründen.

! Tipps für Zielvereinbarungsgespräche

→ Finden Sie im Gespräch mit dem Mitarbeiter heraus, welche Fähigkeiten und Ressourcen er bereits besitzt, um seine anspruchsvollen Ziele zu erreichen.

→ Meist werden Ziele für ein Jahr vereinbart. Sehen Sie darüber hinaus kurze und regelmäßige Rückmeldeschleifen vor. Meilensteingespräche helfen, Ziele nachzujustieren und Fehlentwicklungen zu korrigieren.

→ Die vereinbarten Ziele müssen dem Wertesystem des Mitarbeiters entsprechen, um Akzeptanz zu finden.

→ Vergewissern Sie sich, ob der Mitarbeiter bereit ist, die Konsequenzen der Zielerreichung zu tragen (Beispiel: Ist ein Mitarbeiter, dessen Ziel es ist, sich für einen längerfristigen Auslandseinsatz fit zu machen, tatsächlich bereit, sich auf eine neue, mit Unsicherheiten behaftete Funktion in einem fremden Kulturraum einzulassen? Trägt seine Familie den Veränderungswunsch ebenfalls mit?)

→ Betonen Sie nicht zu sehr spätere Belohnungen wie zum Beispiel Bonuszahlungen; es ist wichtig, dass die Zielerreichung für sich allein wertvoll und attraktiv ist.

4.6 Das Beurteilungsgespräch

Wohl jede Mitarbeiterin, wohl jeder Mitarbeiter sieht einem Beurteilungsgespräch mit einer gewissen Spannung entgegen. Es stellen sich Fragen wie:
→ *„Wird meine Leistung positiv eingeschätzt?"*
→ *„Welche Aufstiegsmöglichkeiten werden mir zugetraut?"*
Hinter diesen Fragen steht oft noch eine weitere, bedeutendere Frage:
→ *„Bin ich als Person akzeptiert und angenommen?"*
Wer eine positive Beurteilung erhält, wird sich entsprechend spontan freuen. Wer dagegen eine negative Beurteilung erfährt, wird dies nur in den seltensten Fällen als eine rein fachlich-berufliche Angelegenheit für sich verbuchen, sondern dies vermutlich zumindest eine Zeit lang als dämpfend für sein Selbstwertgefühl erleben. Es können sich Frustration oder Ärger über eine als ‚ungerecht' empfundene Beurteilung zeigen.

Für die Organisation, die Beurteilungen systematisch nutzt, sind die dadurch ausgelösten Emotionen freilich zweitrangig – sie verfolgt handfeste Ziele:

DIE MITARBEITERBEURTEILUNG DIENT DAZU, AUSSICHTSREICHE KANDIDATEN FÜR HÖHERWERTIGE POSITIONEN ZU IDENTIFIZIEREN (SELEKTIONSFUNKTION), SIE HILFT, ENTWICKLUNGSBEDARF ZU SONDIEREN UND IST DARÜBER HINAUS EIN WICHTIGES FEEDBACKINSTRUMENT.

Moderne Beurteilungssysteme zielen auf einen wertschätzenden Dialog von Mitarbeiter und Führungskraft. Auf der Basis fundierter Kriterien tauschen diese Selbst- und Fremdwahrnehmungen aus.

In der Praxis werden Beurteilungsgespräche je nach Zielsetzung und Unternehmenskultur sehr unterschiedlich gehandhabt. Die Beurteilungsinstrumente und die Durchführungspraxis unterscheiden sich von Unternehmen zu Unternehmen teilweise erheblich: In manchen Unternehmen wird die Bewertung zurückliegender Leistungen mit der Vereinbarung neuer Ziele verbunden (siehe das vorherige Kapitel), in anderen Unternehmen wird ein jährliches Mitarbeiterjahresgespräch geführt, in dem alle wesentlichen Aspekte der Zusammenarbeit im Hinblick auf das vergangene (Geschäfts-)Jahr beleuchtet werden und in dem zugleich die ziel- und entwicklungsbezogenen Weichen für das nächste Jahr gestellt werden (siehe das folgende Kapitel); andere Unternehmen wiederum nutzen das Beurteilungsgespräch als ein separates, im mehrjährigen Rhythmus genutztes Führungsinstrument.

Leistungs- und Potenzialbeurteilung

In der Regel ist die Mitarbeiterbeurteilung eine Leistungsbeurteilung: Es werden Arbeitsergebnisse bewertet, die der Mitarbeiter in der Vergangenheit erbracht hat.

Solche Ergebnisse sind beobachtbar: Man kann zum Beispiel feststellen, ob und inwieweit eine Aufgabe erfüllt, ein Ziel erreicht wurde. Man kann mit dem Mitarbeiter anhand konkreter Beispiele darüber sprechen, was er erarbeitet hat und wie er es erarbeitet hat.

Davon zu unterscheiden ist die Potenzialbeurteilung. Sie will erfassen, für welche weitergehenden Aufgaben ein Mitarbeiter zukünftig geeignet sein könnte – z.B., ob er das Zeug zur Führungskraft hat. Die Potenzialbeurteilung will also Aussagen über Fähigkeiten treffen, die bislang noch nicht sichtbar sind, sondern noch entfaltet und entwickelt werden könnten.

Nun kann man nicht in die Zukunft blicken und voraussehen, wie sich ein Mitarbeiter in einer anderen Anforderungslandschaft bewähren wird. Mit Prognosen betritt man also grundsätzlich unsicheres Terrain. Daher nutzen viele Unternehmen spezielle Erhebungs-Settings wie psychologische Tests, Development-Center und Management-Audits, um die Potenziale ihrer Mitarbeiter systematisch zu analysieren.

DAVON ABZURATEN IST, OHNE METHODISCH FUNDIERTE VERFAHREN DIE POTENZIALEINSCHÄTZUNG IN DIE LEISTUNGSBEURTEILUNG EINFLIESSEN ZU LASSEN ODER SCHLICHT VON VERGANGENEN AUF ZUKÜNFTIGE LEISTUNGEN ZU SCHLIESSEN.

Beurteilungskriterien

Am häufigsten wenden Unternehmen Einstufungsverfahren auf der Basis von merkmalsorientierten Kriterien an. Hier einige Beispiele (nach Breisig 1998):

→ Gezeigte Leistungen
→ Qualifikation
→ Arbeitsverhalten (z.B. Kooperation, Verantwortungsbereitschaft)
→ Führungsverhalten (bei Mitarbeitern mit Personalverantwortung)
→ Persönlichkeitseigenschaften (z. B. Initiative, Belastbarkeit)

→ Künftige Entwicklungs- und Einsatzmöglichkeiten (siehe oben
   Potenzialbeurteilung)

Dem Vorgesetzten werden diese Kriterien vorgegeben und seine Aufgabe ist es, die Ausprägung der Merkmale anhand einer Skala, etwa einem schulnotenähnlichen Raster, zu bewerten.

Die Kriterien sollen eindeutig definiert sein, sie sollen das relevante Mitarbeiterverhalten möglichst komplett abbilden, zugleich sollen sie praktikabel und überschaubar sein. Dies gleicht der Quadratur des Kreises. Die Konstruktion der Kriterien ist daher eines der größten Probleme merkmalsorientierter Beurteilungsverfahren. Hinzu kommt:

EIGENSCHAFTEN, DIE IN DER PERSON LIEGEN, SIND ALS SOLCHE NICHT BEOBACHTBAR, SONDERN BEOBACHTBAR IST IMMER NUR GEZEIGTES VERHALTEN.

Man kann nicht ‚wirklich‘ herausfinden, wie belastbar ein Mitarbeiter ist, sondern nur feststellen, wie er in einer bestimmten herausfordernden Situation gehandelt hat – ohne letztlich zu wissen, was dabei im Inneren des Mitarbeiters vorgegangen ist und ob er in einer ähnlichen Situation wieder auf gleiche Weise agieren wird.

Um zu relevanten und handhabbaren Ergebnissen zu gelangen, hat es sich bewährt, bei der Entwicklung der Kriterien auf die Verständigung der beteiligten Gruppen zu setzen.

IN DER PRAXIS BEDEUTET DIES, DASS SICH DIE ENTSCHEIDUNGSTRÄGER IN DER ORGANISATION AUF BEWERTUNGSKRITERIEN EINIGEN, DIE DEN GEWÜNSCHTEN MANAGEMENTSTIL, DIE KULTUR UND DIE ZIELSETZUNGEN DES UNTERNEHMENS ABBILDEN.

So fällt die Formulierung der Kriterien bei einer Werbeagentur vermutlich anders aus als bei einer Bank. In einem zweiten Schritt werden die wesentlichen Schlüsselanforderungen an Mitarbeiter detailliert beschrieben: Wie handelt eine Person, die ein bestimmtes Merkmal vollumfänglich erfüllt?

Seit den 90er-Jahren haben sich immer stärker kompetenzbasierte Berwertungsinstrumentarien durchgesetzt (Erpenbeck/von Rosenstiel 2007). Es lassen sich vier Kernkompetenzen unterscheiden, die sich dann jeweils noch weiter verfeinern lassen. Die Teilbereiche der Kompetenzfelder können hier nur angedeutet werden.

Fachkompetenz:
→ Ausbildung
→ Weiterbildung
→ Erfahrungswissen
→ ...

Methodenkompetenz:
→ Strukturierung von Aufgaben

→ Arbeitstechniken wie Analyse- und Kreativitätstechniken
→ Methoden des Projektmanagements
→ Ergebnisaufbereitungs- und Präsentationstechniken
→ ...

Sozialkompetenz:
→ Teamfähigkeit
→ Kommunikative Kompetenz (z.B. Überzeugungskraft, Dialogfähigkeit)
→ Konfliktfähigkeit
→ Führungskompetenz
→ ...

Persönliche Kompetenz, z.B.
→ Leistungsbereitschaft
→ Verlässlichkeit
→ Lernfähigkeit
→ Belastbarkeit
→ Selbstständigkeit
→ ...

In einem ersten Schritt wird das Kompetenzfeld definiert. Danach werden die relevanten Teilaspekte benannt und mit einer (Ankreuz-)Skala versehen. Die Skalen variieren von Organisation zu Organisation zum Teil erheblich.
Skalenbeispiel:

A	B	C	D

→ A = Übertrifft die Anforderungen deutlich
→ B = Übertrifft die Anforderungen
→ C = Erfüllt die Anforderungen
→ D = Erfüllt die Anforderungen nicht

Um zu zeigen, welche Wahlentscheidungen hinter der Entwicklung einer Skala stehen, sei diese Viererskala begründet:
→ Eine Viererteilung verhindert den Rückzug des Beurteilenden auf einen aussageschwachen Mittelwert (im Gegensatz zu einer Fünferteilung).
→ Buchstaben als Benennungen wecken – anders als Zahlenwerte – weniger Erinnerungen an Schulnoten.
→ Auch der zweitschwächste Wert C ist noch akzeptabel. Bei leistungsstarken Mitarbeitern kann die Leistung dagegen feiner differenziert werden als bei kritischen Fällen, bei denen der Änderungsbedarf ohnehin offensichtlich ist.

Den definierten Kriterien sollten exemplarische Verhaltensbeschreibungen unterlegt werden, damit der Beurteilende praktisch erkennen kann, in welchem Maße der beurteilte Mitarbeiter über die jeweilige Kompetenz verfügt.

Beispiel (Auszug): *„Kommunikative Kompetenz"* einer Führungskraft:

→ *„Die/der Beurteilte führt Gespräche mit Mitarbeitern ergebnisorientiert und einfühlsam."*

→ *„Sie/er gibt präzises Feedback und ist auch bereit, Feedback von Mitarbeitern anzunehmen und konstruktiv umzusetzen."*

→ *„Sie/er kann Kollegen und Mitarbeiter für neue Ideen begeistern."*

Reflexion / Übung

An dieser Stelle können Sie die Beurteilungspraxis am eigenen Beispiel trainieren:

→ Welche Kompetenzbereiche sind an Ihrem Arbeitsplatz besonders wichtig – und welche nicht?

→ Wie würden Sie Ihre Performance anhand der gegebenen Kriterien am Arbeitsplatz, bezogen auf die letzten zwölf Monate, auf der Skala selbst bewerten?

→ An welchen konkreten, beobachtbaren Verhaltensweisen machen Sie diese Bewertungen fest?

→ Wo liegen besondere Stärken, wo sind noch wichtige Entwicklungsfelder?

→ Wenn Sie diese Bewertungen klar und konstruktiv in einem Gespräch formulieren sollten, mit welchen Worten würden Sie dies tun?

Kompetenzbereich	A	B	C	D
Fachkompetenz				
Ausbildung	○	○	○	○
Weiterbildung	○	○	○	○
Erfahrungswissen	○	○	○	○
Methodenkompetenz				
Strukturierung/Planung	○	○	○	○
Problemlösungstechniken	○	○	○	○
Management von Projekten	○	○	○	○
Aufbereitung von Ergebnissen	○	○	○	○
Sozialkompetenz				
Teamfähigkeit	○	○	○	○
Kommunikative Kompetenz	○	○	○	○

Konfliktfähigkeit	○	○	○	○
Führungskompetenz	○	○	○	○
Persönliche Kompetenz				
Leistungsbereitschaft	○	○	○	○
Verlässlichkeit	○	○	○	○
Lernfähigkeit	○	○	○	○
Belastbarkeit	○	○	○	○
Selbstständigkeit	○	○	○	○

→ Welchen Entwicklungsbedarf sehen Sie auf der Basis der Selbstbeurteilung für sich in den kommenden zwölf Monaten? –
Und welches könnten hierfür geeignete Maßnahmen sein?

_____

_____

_____

Wahrnehmung und Urteilstendenzen

Wie wir einen Menschen wahrnehmen und beurteilen, das hängt nicht nur von ihm, sondern auch entscheidend von uns selbst ab.

→ In welchen Situationen haben wir den anderen erlebt und welche Situationen blieben uns verborgen, weil wir schlicht nicht vor Ort waren?

→ Welche Qualität besitzen unsere Sinnesorgane und wo haben wir Präferenzen – sind wir zum Beispiel ein ,Augen-', oder ein ,Ohrenmensch'?

→ Welche eigenen Vorlieben und Stärken bzw. Abneigungen und Defizite entdecken wir beim anderen wieder, und zieht uns dieses Wiederfinden eher an oder stößt es uns ab?

→ Welche Rolle spielen im Allgemeinen Sympathien und Antipathien bei der Beurteilung?

Diese Liste ließe sich noch fortsetzen. – Es gibt nicht die eine ,richtige' Wahrnehmung und schon gar nicht das einzig mögliche ,richtige' Urteil. Die Frage, ob unsere Urteile objektiv wahr sind, kann daher durch die Frage ersetzt werden, ob sie sich in der Praxis bewähren.

In der modernen Kommunikationstheorie, die sich an den Wechselwirkungen von Individuen und Systemen orientiert, ist man sich heute weit gehend über folgende Punkte einig:

→ Der Sinn einer Rückmeldung besteht nicht darin, jemanden mit einem feststehenden Urteil zu etikettieren. Eine Beurteilung soll ihrem Empfänger vielmehr helfen, die Wirkungen des eigenen Verhaltens kennen zu lernen, um dieses situationsangepasst weiterentwickeln zu können.

→ Das Beurteilungsgespräch als Kommunikationsvorgang, in dem wir Selbst- und Fremdwahrnehmungen abgleichen, ist mindestens ebenso wichtig für die Weiterentwicklung des Mitarbeiters und für die Zusammenarbeit mit ihm wie das Beurteilungsergebnis selbst.

→ Wir sind fehlbar und können uns daher mit unseren Einschätzungen irren. Es kann zum Beispiel vorkommen, dass wir Ursache-Wirkungs-Ketten falsch (re-)konstruieren, wenn wir zum Beispiel mangelndes Engagement mit mangelnder Motivation erklären, tatsächlich die Motivation aber verloren gegangen ist, weil das Engagement des Mitarbeiters, das sich vielleicht in unbequem-innovativen Ideen äußerte, blockiert wurde. Daraus lässt sich der Appell ableiten, im Beurteilungsprozess „intellektuelle Bescheidenheit" (K. R. Popper) walten zu lassen.

MITARBEITERBEURTEILUNGEN HABEN OFT LANGZEITWIRKUNGEN. DAHER SOLLTEN SICH DIE BEURTEILENDEN FÜHRUNGSKRÄFTE INTENSIV MIT IHREM EIGENEN WAHRNEHMUNGS- UND BEWERTUNGSSTIL AUSEINANDERSETZEN.

Folgende Einflussfaktoren prägen hierbei das eigene Urteil:
→ der praktizierte Führungsstil
→ die eigenen Werte
→ der persönliche Lebensstil
→ die kognitive Struktur
→ die – erlernbare – Beurteilungskompetenz
→ die an andere gerichteten Rollenerwartungen
→ die Kenntnis des Arbeitsfeldes des Beurteilten
→ die persönlichen Verbindungen mit dem Mitarbeiter
→ Sympathie und Antipathie

Gesprächsvorbereitung

Beurteilungsgespräche sollten besonders sorgfältig vorbereitet werden. Konflikte entstehen vor allem dann, wenn der Mitarbeiter sich ungerecht beurteilt fühlt. Man sollte davon ausgehen, dass der Mitarbeiter sein eigenes Leistungsbild gut kennt – und einen Großteil seiner Aufmerksamkeit auf seine Selbstwahrnehmung richtet. Zudem vergleicht er sich auch mit Kollegen, die er täglich erlebt und deren Arbeitsleistung er gleichfalls kennt oder zu kennen glaubt.

Auf ungerechte Bewertungen, die auf mangelnder Beobachtung beruhen oder die die Einstufung in die Leistungsrangreihe des Teams falsch wiedergeben, wird er vermutlich empfindlich reagieren.

Harte Diskussionen über verschiedene Sichtweisen der gezeigten Leistung sind dann oft die Folge.

EINE GUTE MÖGLICHKEIT, SICH AUF DEN AUSTAUSCH VON SELBST- UND FREMD-
BILD EINZUSTIMMEN, BESTEHT DARIN, DEN MITARBEITER ZU BITTEN, VOR DEM
GESPRÄCH EINE SELBSTEINSCHÄTZUNG ANHAND DES VERWENDETEN BEURTEI-
LUNGSBOGENS VORZUNEHMEN.

Zur Gesprächsvorbereitung können Mitarbeiter und Vorgesetzter auch einen – möglichst gleich lautenden – Fragenkatalog nutzen:

!

Vorbereitung des Mitarbeiters und des Vorgesetzten

(Beispiel eines Fragenkatalogs)

→ Welche Entwicklungen und Ereignisse waren in der vergangenen
Periode wichtig und wie wurde der Zeitraum insgesamt persönlich
erlebt?

→ In welchem Maße wurden die Ziele erreicht und die Aufgaben
erfüllt?

→ Welche äußeren Umstände haben möglicherweise dazu geführt,
dass Ziele nicht oder nur teilweise erreicht wurden?

→ Welche besonderen Leistungen sind zu berücksichtigen, wie zum
Beispiel die Übernahme von Zusatzaufgaben?

→ Mit welchen Beispielen lässt sich die persönliche Einschätzung
belegen?

→ Wie hat sich die Leistung seit der letzten Beurteilung entwickelt?
Welche Tendenzen werden sichtbar?

→ Wo liegen besondere persönliche Stärken und wo existiert
Entwicklungsbedarf?

→ In welchem Maße können die persönlichen Fähigkeiten zurzeit
adäquat im Arbeitsbereich eingesetzt werden?

→ Welchen Einfluss hat das Klima im Arbeitsbereich auf die Leistung
des Mitarbeiters?

→ Wie wird die Zusammenarbeit von Führungskraft und Mitarbeiter
erlebt, und wie wird das Unterstützungsverhalten der Führungskraft
eingeschätzt?

! Ablauf des Beurteilungsgesprächs

Kontaktphase

→ Nur kurzes Warm-up und möglichst unmittelbar in die Thematik einsteigen, da ein langer Vorspann möglicherweise stresserhöhend wirkt.

Klärung der Themen, der Gesprächsziele und des Zeitrahmens

→ Gesprächsablauf vorschlagen (siehe unten).

Themenbearbeitung

→ Zum Einstieg stellt der Vorgesetzte einige zentrale positive Aspekte des Leistungsverhaltens heraus, die er beim Mitarbeiter im vergangenen Beurteilungszeitraum wahrgenommen hat

→ Wichtige Ereignisse und Entwicklungen in der vergangenen Periode aus Sicht des Mitarbeiters – Rückfragen durch den Vorgesetzten

→ Selbsteinschätzung des Mitarbeiters

→ Beurteilung der Führungskraft

→ Abgleich von Selbst- und Fremdbild

Zu Punkt 3 bis 5 bieten sich zwei alternative Vorgehensweisen an:

Alternative 1: Komplette Selbsteinschätzung durch den Mitarbeiter. Danach komplette Beurteilung durch den Vorgesetzten. Anschließend Herausarbeitung von Übereinstimmungen und Unterschieden anhand von Beispielen. Vorteil: Ganzheitlichkeit. Risiko: Hineinfallen in Monologe

Alternative 2: Vergleich der Selbstwahrnehmung des Mitarbeiters mit der Fremdwahrnehmung des Vorgesetzten Punkt für Punkt (Kriterium für Kriterium). Vorteil: Durchgehender Dialog. Risiko: Zerfahrenes Ping-Pong durch häufige Sprecherwechsel

→ Rückmeldung des Mitarbeiters an die Führungskraft zum Führungs- und Unterstützungsverhalten. Anschließend Eindrücke der Führungskraft zur Zusammenarbeit. Herausarbeiten von Verbesserungsmöglichkeiten und Vereinbarungen dazu.

→ Gegebenenfalls Vereinbarungen zur Erfüllung von Aufgaben / zur Erreichung von Zielen in der kommenden Periode

→ Ermittlung des Entwicklungsbedarfs des Mitarbeiters, Aufnehmen von Entwicklungswünschen. – Vereinbarungen von Maßnahmen.

Zusammenfassung des Gesprächsergebnisses

→ Nochmals positive Aspekte der Leistung unterstreichen

→ Bekräftigung der Punkte, über die der Vorgesetzte aufgrund der Rückmeldung des Mitarbeiters nachdenken bzw. die er direkt ändern möchte

→ Dem Mitarbeiter Gelegenheit zur Zusammenfassung des Gesprächs aus seiner Sicht geben

Positives Gesprächsende

→ Stellenwert des Austauschs hervorheben

Nachbereitung

Eine positive Beurteilung – die vielleicht besser als die Selbsteinschätzung des Mitarbeiters ausgefallen ist – führt oft zu einem Motivationsschub beim Mitarbeiter. Eine unerwartet negative Beurteilung dagegen erzeugt leicht Frustration („*Der/dem kann ich es sowieso nichts recht machen …*"), sie kann aber auch zu verstärkter, unter Umständen aber verkrampfter Anstrengung führen.

Führungskräfte sollten nach einem Beurteilungsgespräch deshalb vor allem auf die Motivation des Mitarbeiters achten. Wirkt der Mitarbeiter nach dem Gespräch verschlossen und antriebsarm, sollte man die eigene Beurteilungspraxis hinterfragen und nach einer angemessenen Zeit zur Klärung ein weiteres Gespräch mit dem Mitarbeiter suchen.

! Tipps für Beurteilungsgespräche

→ Nehmen Sie sich ausreichend Zeit für das Beurteilungsgespräch. Vermeiden Sie vor allem Termindruck am Gesprächsende.

→ Positive Leistungen des Mitarbeiters sind ein günstiger Ansatzpunkt für den Einstieg ins Gespräch.

→ Federn Sie den ‚Benotungsaspekt' des Gesprächs ab. Dem Mitarbeiter hohe Redeanteile einzuräumen und ihn ernst zu nehmen, sind gute Schlüssel dafür.

→ Ermutigen Sie den Mitarbeiter, seine Selbsteinschätzung zu schildern.

→ Seien Sie offen für die Sichtweise Ihres Mitarbeiters und die Beispiele, die er zur Stützung seiner Selbsteinschätzung einbringt. Fragen Sie gegebenenfalls nach. Vielleicht erhalten Sie wertvolle neue Informationen.

→ Sprechen Sie nicht nur über das, *was* der Mitarbeiter erreicht hat, sondern auch darüber, *wie* er es erreicht hat. Hat der Mitarbeiter seine persönlichen Ziele zulasten des Teams verfolgt oder hat er in Harmonie mit den sozialen und organisatorischen Anforderungen seines Arbeitsumfeldes agiert?

→ Sprechen Sie Anerkennung und Kritik offen und wertschätzend aus (vgl. Kap. 3.4.4 und Kap. 4.3).

→ Nutzen Sie das Beurteilungsgespräch auch als Gelegenheit, vom Mitarbeiter zu erfahren, wie er die Zusammenarbeit mit Ihnen als Führungskraft erlebt.

→ Wenn der Vergleich Ihrer Einschätzungen mit denen des Mitarbeiters zu einem Dissens führt, entkrampfen Sie die Gesprächsatmosphäre, indem Sie ...

  – genau nach den Gründen für die abweichende Einschätzung des Mitarbeiters fragen,

  – die Einschätzung des Mitarbeiters ernst nehmen und gemeinsam mit ihm die Unterschiede der Wahrnehmungen herausarbeiten,

  – einräumen, dass Sie nicht alle Aktivitäten Ihres Mitarbeiters im Detail beobachten konnten,

  – gegebenenfalls zugestehen, dass Aspekte, die Ihr Mitarbeiter in das Gespräch einbringt, neu für Sie sind,

  – signalisieren, dass Sie nicht um jeden Preis auf Ihrer Meinung beharren wollen, sondern die Beurteilung noch einmal überprüfen werden.

→ Sind Sie sich – trotz Dissens – in Ihrem Urteil sicher, betreiben Sie keine Verhandlungen, sondern bleiben Sie bei Ihrer Einschätzung und bringen Sie Argumente vor.

4.7 Das Mitarbeiterjahresgespräch

Das Besondere am Mitarbeiterjahresgespräch ist: In einem einzigen Gespräch vereint es ein Zielvereinbarungsgespräch, ein Entwicklungs- und Fördergespräch sowie ein Feedbackgespräch zur Zusammenarbeit zwischen Mitarbeiter und Führungskraft. Dieses Gespräch besteht also eigentlich aus mehreren Teilgesprächen, sodass es in der Regel einen größeren Zeitbedarf als die bisher vorgestellten Gesprächsformen mit sich bringt. Je nach gewählter Form sollte man kaum weniger als eine Stunde vorsehen; auch eine Gesprächsdauer von anderthalb bis zwei Stunden ist nicht selten anzutreffen.

RÜCKSCHAU UND VORAUSSCHAU BILDEN DIE WESENTLICHEN BLICKRICHTUNGEN DES MITARBEITERJAHRESGESPRÄCHS.

Die Themenkreise des Mitarbeiterjahresgesprächs

(nach Nagel u. a. 1999)

→ Rückschau auf die Aufgaben, Ziele und Ergebnisse der vergangenen Periode

→ Stärken, Interessen und Entwicklungsbedarfe

→ Einschätzung von Zusammenarbeit und Führung

→ Vereinbarung von Zielen, Aufgaben und Ergebniskriterien für die kommende Periode

→ Vereinbarung von Entwicklungsmaßnahmen

DAS MITARBEITERJAHRESGESPRÄCH HILFT WESENTLICH, DEN PLANUNGS- UND STEUERUNGSANSPRUCH DER ORGANISATION UND DEN ASPEKT AKTIVER, MITVERANTWORTLICHER BETEILIGUNG DES MITARBEITERS INEINANDERGREIFEN ZU LASSEN.

Das Mitarbeiterjahresgespräch verlangt eine hohe Gesprächskompetenz der Akteure. Zum einen betrifft dies die Aufrechterhaltung der Konzentrationsspanne bei der Behandlung der verschiedenen Themen; zum anderen betrifft dies auch die Steuerung des Gesprächsklimas: So kann es sein, dass zwar die Erreichung der Ziele des letzten Jahres sehr einvernehmlich diskutiert wird, Kooperation und Klima jedoch sehr kritisch gesehen werden und das Gespräch hierüber zu Kontroversen führt. Von diesem Disput aus konstruktiv zur Vorausschau auf das kommende Jahr und die Vereinbarung neuer Ziele überzuleiten, könnte schwierig oder sogar unmöglich sein. Kann man das Gespräch unter diesen Vorzeichen noch fortführen, oder sollte man sich zunächst erst einmal eine Bedenkzeit genehmigen? Vor allem stellt das Mitarbeiterjahresgespräch hohe Anforderungen an die kommunikativen Fähigkeiten der Führungskraft, die in erster Linie für den positiven Verlauf des Gesprächs verantwortlich ist. Das Gespräch gelingt dann, wenn eine Atmosphäre der Offenheit, Wertschätzung und des Vertrauens das Gespräch wie ein roter Faden durchzieht.

→ *Praxis*tipp:

Mit der Einführung des Mitarbeiterjahresgesprächs mit seinen besonderen Anforderungen geht in der Organisation auch ein besonderer Schulungsbedarf einher, um die Führungskräfte, aber auch die Mitarbeiter auf dieses sehr wertvolle und wirkungsvolle Hilfsmittel der Führung vor-

*zubereiten. Mit der Erklärung des „Gesprächsinstruments" und der ge-
nutzten Formblätter ist es hierbei nicht getan, sondern es sollte die Möglichkeit gegeben werden, sich auf Praxisfälle vorzubereiten und die
Gesprächsführung aktiv zu trainieren. Wird an entsprechenden Schulungen gespart und wird nicht sichtbar, welche Bedeutung die Gespräche für
die Führungsbeziehung haben, werden Mitarbeitergespräche nicht selten als ein Formalismus begriffen, als solcher von den Führungskräften
praktiziert und entsprechend dann auch von den Mitarbeitern wahrgenommen.*

*Zuweilen werden bei der Einführung von Mitarbeiterjahresgesprächen
allein die Führungskräfte intensiv trainiert, die Mitarbeiter jedoch eher
oberflächlich über die Einführung des neuen Führungsinstruments informiert. Dies führt dann nicht selten dazu, dass sich die Mitarbeiter fragen,
mit welchen Techniken und Kniffen die Führungskräfte in den Trainings
ausgestattet werden, um die Mitarbeitergespräche einseitig für eigene
bzw. Firmeninteressen zu nutzen. Ein gut gemeintes Instrument wird erst
dann als solches aufgenommen, wenn über Lippenbekenntnisse hinaus
auch den Mitarbeitern der Sinn erfahrbar wird. So sollten auch für die
Vorbereitung der Mitarbeiter genügend Zeit und Trainingsressourcen
eingesetzt werden.*

*Mitarbeiter haben im Vorfeld der Gespräche oft konkrete Sorgen und Be-
ratungsbedarf – etwa wenn eine bereits gestörte Arbeitsbeziehung das
Gespräch mit einiger Sicherheit belasten wird. Mit solchen Sorgen sollte
man die Mitarbeiter nicht allein lassen. Tut man es doch, ist davon auszu-
gehen, dass sich Mitarbeiter im Gespräch auf eine sichere – fassadenhafte
– Position zurückziehen. Der Gesprächserfolg wird dann zweifelhaft.*

Ein Regelgespräch!

Eine Besonderheit des Mitarbeiterjahresgesprächs besteht – wie beim Zielvereinba-
rungs- oder auch beim Beurteilungsgespräch – darin, dass es ein Regelgespräch ist.

Manchmal wenden Führungskräfte bei der Einführung des Mitarbeiterjahresgesprächs ein, dass sie sich ja mit den Mitarbeitern in einem dauernden Dialog über die
Zusammenarbeit, die Perspektiven des Arbeitsbereichs und Fortbildungsmöglichkei-
ten befinden, und sie fragen, welchen besonderen Stellenwert das Mitarbeiterjahresgespräch denn nun habe.

Eine Antwort: Im Alltag werden viele Gespräche aus aktuellem Anlass heraus geführt: Ein Mitabeiter wird eingestellt, bestimmte Aufgaben müssen delegiert werden,
es wird Feedback zum Arbeitsfortschritt gegeben, Kompetenzlücken müssen durch
Fortbildung mitunter schnell geschlossen werden, die Zusammenarbeit belastende
Konflikte müssen gelöst werden. Operative Notwendigkeiten verlangen hier oft nach
schnellen Lösungen, wodurch der Blick manchmal etwas verengt ist.

DAS MITARBEITERJAHRESGESPRÄCH IST VOM SITUATIVEN DRUCK DES TAGES-
GESCHÄFTES BEFREIT!

Mit guter Vorbereitung und in Ruhe wenden sich die Gesprächspartner den vorberei-
teten Themenkreisen zu. Dies ermöglicht eine erweiterte und strategische Sichtweise
hinsichtlich Aufgabenerfüllung und Zusammenarbeit. Hierdurch können die Gesprächsergebnisse ein besonderes Niveau erreichen.

Da sich im Laufe des Jahres Zielstellungen verändern können, empfiehlt es sich,
nach einem halben Jahr ein Meilensteingespräch zu führen, in dem Zwischenbilanz
gezogen wird und Ziele wie Entwicklungen korrigiert werden können.

Folgende Abbildung veranschaulicht den Stellenwert des Mitarbeiterjahresgesprächs als Regelgespräch im Unterschied zu den anlassbezogenen Gesprächen des
Führungsalltags.

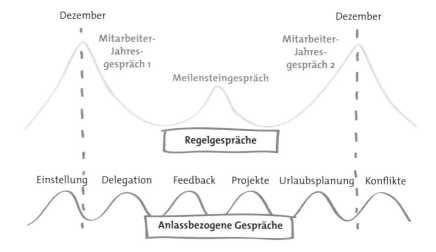

Abb. 5: *Das Mitarbeiterjahresgespräch und das Meilensteingespräch als Regelgespräch*
(erweitert nach Nagel, 1999)

Effekte des Mitarbeiterjahresgesprächs

Auf der Sachebene:
- → Koordination von strategischer und operativer Planung
- → Einbeziehung des Mitarbeiterwissens in Zielbildungs- und Planungsprozesse
- → Transparenz von Anforderungen
- → Förderung von eigenverantwortlichem Handeln

Auf der Ebene der Zusammenarbeit und der Persönlichkeit:
- → Förderung des gegenseitigen Verständnisses und Vertrauens
- → Offenere Kommunikation über die Arbeitssituation und über individuelle
  Bedürfnisse

→ Impulse für das persönliche Wachstum durch den Austausch über die Qualität der Zusammenarbeit zwischen Mitarbeiter und Führungskraft

Durch das Mitarbeiterjahresgespräch können Reibungsverluste minimiert werden. Sich anbahnende Konflikte können frühzeitig wahrgenommen und bearbeitet werden, bevor sie aufbrechen. Im Konzert führen die verschiedenen Einzeleffekte in vielen Organisationen zu einer positiven Veränderung der gesamten Führungskultur.

Gesprächsvorbereitung

Die Zusammenführung von Sachthemen (Rückmeldung zur Leistung, Vereinbarung von Zielen) und Beziehungsthemen (Reflexion der Zusammenarbeit) verlangt von der Führungskraft viel Sensibilität. So sollten Rückmeldungen zur Arbeitsleistung unbedingt so vermittelt werden, dass sie den Mitarbeiter nicht persönlich verletzen, damit keine Verstimmung die anschließende Zielvereinbarung belastet.

Außerdem muss damit gerechnet werden, dass der Mitarbeiter im Zuge der Thematisierung der Zusammenarbeit den ein oder anderen bisher nicht angesprochenen Führungsmangel benennt, den er gern behoben sehen möchte. Daher sollte die Führungskraft die Kunst beherrschen – bzw. sich im Vorfeld noch einmal vergegenwärtigen – Rückmeldungen angemessen aufzunehmen (siehe Kap. 3.4.4). Für den in der Gesprächsführung oft nicht so routinierten Mitarbeiter ist die eingehende Vorbereitung auf das Gespräch besonders wichtig, um sich erzielte Ergebnisse in Erinnerung zu rufen, die Zusammenarbeit zu überdenken und nicht zuletzt, um sich Klarheit über eigene Entwicklungsziele zu verschaffen.

Wie beim Zielvereinbarungsgespräch sollten sich Führungskraft und Mitarbeiter auch beim Mitarbeiterjahresgespräch anhand schriftlich formulierter Leitfragen vorbereiten. Wichtig für die Akzeptanz der Gespräche ist erfahrungsgemäß, dass sich Führungskräfte und Mitarbeiter anhand praktisch gleichlautender Fragen vorbereiten. Hier ein Beispiel eines für Führungskräfte und Mitarbeiter ausformulierten Fragekatalogs:

! **Vorbereitung der Führungskraft**

(Muster eines Fragenkatalogs)

Persönliche Einstimmung auf das Gespräch

→ Wie erleben Sie aktuell die Arbeitsbeziehung mit Ihrem Mitarbeiter?

→ Gab es im vergangenen Jahr erfreuliche oder belastende Ereignisse/ Situationen, die Einfluss auf die Zusammenarbeit hatten?

→ Haben Sie Wünsche im Hinblick auf Ihre Zusammenarbeit? – Welche diesbezüglichen Punkte möchten Sie in dem Gespräch ansprechen?

1. Rückschau auf die Aufgaben, Ziele und Ergebnisse
   der vergangenen Periode

→ Mit welchen Aktivitäten und Aufgaben hat Ihr Mitarbeiter im vergangenen Jahr die meiste Zeit verbracht? Was wurde mit diesen Aktivitäten erreicht?

→ Welche Vereinbarungen wurden mit dem Mitarbeiter im Hinblick auf Ziele und Aufgaben für das vergangene Jahr getroffen?

→ In welchem Maße wurden die vereinbarten Ziele erreicht und die mit der Position verbundenen Aufgaben erfüllt?

→ Was ist Ihrer Meinung nach besonders gut gelungen?

→ Wo sehen Sie Verbesserungsmöglichkeiten bzw. -bedarf?

→ Welche Rahmenbedingungen haben die Erreichung der Ziele / die Erfüllung der Aufgaben günstig oder ungünstig beeinflusst?

→ Sind die Zuständigkeiten klar geregelt und Ihrem Mitarbeiter bekannt? Sehen Sie hier Änderungsbedarf?

2. Stärken, Interessen und Entwicklungsbedarfe

→ Welche besonderen Stärken und Begabungen nehmen Sie an Ihrem Mitarbeiter wahr?

→ Wie erleben Sie das Engagement und das Selbstvertrauen Ihres Mitarbeiters? (Beispiele)

→ Wofür interessiert sich Ihr Mitarbeiter in fachlicher Hinsicht besonders?

→ Besitzt Ihr Mitarbeiter besondere Fähigkeiten, die er aktuell nicht am Arbeitsplatz einbringen kann?

→ Gibt es Wissens- oder Könnensdefizite, die den Mitarbeiter bei der Erfüllung seiner Aufgaben beeinträchtigen?

→ Auf welche Weise könnten Talente und Stärken des Mitarbeiters im kommenden Jahr besonders in die Arbeit einfließen?

→ Welche Begabungen sollten im kommenden Jahr besonders gefördert werden?

→ Welche Entwicklungsperspektive möchten/können Sie Ihrem Mitarbeiter aufzeigen und mit ihm besprechen?

3. Einschätzung von Zusammenarbeit und Führung

→ Welches sind Ihre derzeitigen Führungsprioritäten in Ihrem Arbeitsbereich? Über welche neuen diesbezüglichen Punkte möchten Sie Ihren Mitarbeiter informieren?

→ Welche Wünsche haben Sie an Ihren Mitarbeiter bezüglich Ihrer Zusammenarbeit? Was sollte beibehalten, verstärkt oder vermindert werden?

→ Welche Fragen möchten Sie an Ihren Mitarbeiter bezüglich seines Erlebens Ihrer Arbeitsbeziehung richten?

→ Wie erleben Sie Ihren Mitarbeiter bei der Zusammenarbeit mit gleichgestellten Kollegen, Mitarbeitern, Projektpartnern, Kunden u.a.?

→ Haben Sie Veränderungswünsche an Ihren Mitarbeiter bezüglich der Zusammenarbeit mit den oben genannten Personengruppen?

4. Vereinbarung von Zielen, Aufgaben und Ergebniskriterien für die kommende Periode

→ Welches sind die mittel- und langfristigen Entwicklungsschwerpunkte Ihres Arbeitsbereichs aus Unternehmenssicht?

→ Welche Ziele haben Sie persönlich für Ihren Arbeitsbereich gesetzt?

→ Wo sehen Sie die Hauptaufgaben und Zielsetzungen Ihres Mitarbeiters für das kommende Jahr?

→ Welche konkreten Ergebnisse erwarten Sie im kommenden Jahr von Ihrem Mitarbeiter? Woran werden Sie messen können, ob und in welchem Maße die Ergebnisse erreicht wurden?

→ Welche Voraussetzungen müssen gegeben sein, damit der Mitarbeiter seine Ziele erreichen / seine Aufgaben erfüllen kann (Ressourcen, Zuständigkeiten, Entwicklungsmaßnahmen)?

5. Vereinbarung von Entwicklungsmaßnahmen

→ Auf welche Weise sollte die Qualifikation und Entwicklung des Mitarbeiters konkret gefördert werden? Welche Maßnahmen halten Sie für notwendig, welche für möglich?

→ Wie können Sie den Mitarbeiter bei seiner Entwicklung unterstützen (z.B. Begleitung und Beratung, zeitliche Ressourcen, Anwendungsfelder für erworbene Qualifikationen)?

! Vorbereitung des Mitarbeiters

(Muster eines Fragenkatalogs)

Persönliche Einstimmung auf das Gespräch

→ Wie erleben Sie aktuell die Arbeitsbeziehung mit Ihrem Vorgesetzten?

→ Gab es im vergangenen Jahr erfreuliche oder belastende Ereignisse/ Situationen, die Einfluss auf die Arbeitsbeziehung hatten?

→ Haben Sie Wünsche im Hinblick auf Ihre Zusammenarbeit? – Welche diesbezüglichen Punkte möchten Sie in dem Gespräch ansprechen?

1. Rückschau auf die Aufgaben, Ziele und Ergebnisse
   der vergangenen Periode

→ Mit welchen Aktivitäten und Aufgaben haben Sie im vergangenen Jahr die meiste Zeit verbracht? Was konnten Sie mit diesen Aktivitäten erreichen?

→ Welche Vereinbarungen wurden mit Ihnen im Hinblick auf Ziele und Aufgaben für das vergangene Jahr getroffen?

→ In welchem Maße konnten Sie die vereinbarten Ziele erreichen und die mit Ihrer Position verbundenen Aufgaben erfüllen?

→ Was ist Ihrer Meinung nach besonders gut gelungen?

→ Wo sehen Sie Verbesserungsmöglichkeiten bzw. -bedarf?

→ Welche Rahmenbedingungen haben die Erreichung der Ziele / die Erfüllung der Aufgaben günstig oder ungünstig beeinflusst?

→ Sind Ihre Zuständigkeiten klar geregelt? Sehen Sie hier Änderungsbedarf?

2. Stärken, Interessen und Entwicklungsbedarfe

→ Wo liegen Ihrer Meinung nach Ihre besonderen Stärken und Begabungen?

→ Wie haben sich Ihr Selbstvertrauen und Ihr Engagement im vergangenen Jahr entwickelt?

→ Wofür interessieren Sie sich in fachlicher Hinsicht besonders?

→ Besitzen Sie besondere Fähigkeiten, die Sie aktuell nicht am Arbeitsplatz einbringen können?

→ Sehen Sie bei sich selbst Wissens- und Könnensdefizite, die Sie bei der Erfüllung Ihrer Aufgaben aktuell beeinträchtigen?

→ Auf welche Weise könnten Sie Ihre Talente und Stärken Ihrer Meinung nach im kommenden Jahr besonders in die Arbeit einfließen lassen? An welchen Aufgaben möchten Sie gerne mitarbeiten?

→ Welche Ihrer Begabungen möchten Sie im kommenden Jahr besonders weiterentwickeln?

→ Welche Aktivitäten möchten Sie mittel- oder langfristig ausbauen, weil Sie Ihnen interessant erscheinen und Sie hier eine gute persönliche Entwicklungsperspektive sehen?

3. Einschätzung von Zusammenarbeit und Führung

→ Wie haben Sie im vergangenen Jahr die Führungsaktivitäten Ihres Vorgesetzten erlebt (Information, Delegation, Organisation und Koordination, Entscheidungen, Einbeziehung Betroffener, Rückmeldeverhalten, Umgang mit Konflikten, Förderung von Mitarbeitern)?

→ Welche Wünsche haben Sie an Ihren Vorgesetzten bezüglich Ihrer Zusammenarbeit? Was sollte beibehalten, verstärkt oder vermindert werden?

→ Welche Fragen möchten Sie an Ihren Vorgesetzten bezüglich seines Erlebens Ihrer Arbeitsbeziehung richten?

→ Wie erleben Sie Ihre Zusammenarbeit mit gleichgestellten Kollegen, Mitarbeitern, Projektpartnern, internen und externen Kunden?

→ Haben Sie bezüglich der Zusammenarbeit mit den oben genannten Personengruppen Änderungswünsche?

4. Vereinbarung von Zielen, Aufgaben und Ergebniskriterien für die kommende Periode

→ Welche mittel- und langfristigen Entwicklungsschwerpunkte sehen Sie für Ihren Arbeitsbereich?

→ Welchen persönlichen Beitrag möchten Sie im Rahmen dieser Entwicklung leisten?

→ Wo sehen Sie Ihre Hauptaufgaben und Zielsetzungen für das kommende Jahr?

→ Welche konkreten Ergebnisse möchten Sie im kommenden Jahr erzielen? Woran werden Sie messen können, ob und in welchem Maße Sie die Ergebnisse erreicht haben?

→ Welche Voraussetzungen müssen gegeben sein, damit Sie Ihre Ziele erreichen / Ihre Aufgaben erfüllen können (Ressourcen, Zuständigkeiten, Entwicklungsmaßnahmen)?

5. Vereinbarung von Entwicklungsmaßnahmen

→ Welche Qualifikationen und Entwicklungsmaßnahmen benötigen Sie, um Ihre Aufgaben jetzt und in Zukunft noch besser erfüllen zu können? Welche Maßnahmen halten Sie für notwendig, welche für möglich? Wie schätzen Sie die Machbarkeit im Hinblick auf Ihr Arbeitspensum ein?

→ Welchen Beitrag können Sie selbst leisten und welche Unterstützung wünschen Sie sich von Ihrem Vorgesetzten?

Die nicht geringe Zahl von Reflexionspunkten verdeutlicht, warum im Vorfeld der erstmaligen Durchführung des Mitarbeiterjahresgesprächs umfassend über die Ziele und Inhalte informiert werden sollte. Broschüren und Informationsveranstaltungen leisten hier als Ergänzung zu den bereits erwähnten Beratungs- und Trainingsmöglichkeiten wichtige Dienste.

Einführung des Mitarbeiterjahresgesprächs

Für die Organisationen ist die Einführung von Mitarbeiterjahresgesprächen ein wichtiges Projekt. Nach der Weichenstellung durch das Topmanagement sollten unter Federführung der Personalabteilung die nachgelagerten Hierarchieebenen fortschreitend in den Prozess der Einführung mit einbezogen werden. Das Konzept sollte durch eine interdisziplinäre Projektgruppe entwickelt werden, der Führungskräfte, engagierte Mitarbeiter, Personalentwickler, Arbeitnehmervertreter und ggf. externe Berater angehören. (Zur Implementierung siehe Kießling-Sonntag 2000)

Gesprächsdokumentation und Protokoll

Die Gesprächsergebnisse sollten schriftlich festgehalten werden. Dies hilft, Missverständnisse zu vermeiden; zudem wird durch die Schriftlichkeit die Verbindlichkeit der getroffenen Vereinbarungen erhöht.

> AM BESTEN BLEIBT DER VERTRAULICHE UND PARTNERSCHAFTLICHE CHARAKTER DES GESPRÄCHS DANN ERHALTEN, WENN JEWEILS EINE AUSFERTIGUNG DES PROTOKOLLS BIS ZUM NÄCHSTEN GESPRÄCH BEI DER FÜHRUNGSKRAFT UND BEIM MITARBEITER VERBLEIBT UND NIEMAND ANDEREM DER ZUGRIFF GESTATTET IST.

Beim nächsten Gespräch wird das alte Gesprächsprotokoll vernichtet, ebenso bei einem Vorgesetztenwechsel oder einem Positionswechsel einer der beiden Beteiligten. Damit hat das Protokoll so lange eine Bedeutung, wie die Arbeitsbeziehung zwischen dem Mitarbeiter und dem Vorgesetzten besteht (vgl. Nagel u.a. 1999).

Und wenn man sich nicht einigen kann?

Entsteht im Gespräch ein Dissens zwischen Führungskraft und Mitarbeiter – z.B. wenn sie sich nicht auf gemeinsam getragene Ziele verständigen können –, sollte ein abgestuftes Verfahren gewählt werden:

→ Lässt sich das Gespräch nicht durch öffnende Interventionen wie aktives Zuhören und Nachfragen wieder in Fluss bringen, empfiehlt es sich, eine Denkpause von einigen Tagen einzulegen und sich dann nochmals zu treffen.

→ Kann man sich auch im zweiten Gespräch nicht einigen, sollte im nächsten Schritt der nächsthöhere Vorgesetzte als Moderator und Schlichter hinzugerufen werden. In den Klärungsprozess können auch ein Mitarbeiter aus der Personalabteilung und ein Mitglied des Betriebsrats einbezogen werden.

Formular für das Mitarbeiterjahresgespräch

Jede Organisation, die Mitarbeiterjahresgespräche einführt, hat eine spezifische Ausgangslage, eine eigene Kultur und vielleicht bereits vorhandene Führungsinstrumente (etwa zur Mitarbeiterbeurteilung), mit denen das Mitarbeiterjahresgespräch harmonieren sollte. Daher sollte jede Organisation ihr eigenes, ziel- und kulturangepasstes Konzept für das Mitarbeiterjahresgespräch entwickeln.

Auf der nächsten Doppelseite finden Sie in Abbildung 6 eine Anregung für ein Gesprächsformular. Der Formalisierungsgrad ist gering, um die Qualität der Kommunikation zwischen Führungskraft und Mitarbeiter nicht durch zu lange Texte und zu viele Vorgaben zu verstellen. Es bleibt viel Raum für eine flexible Gesprächsführung.

Die Führungskraft sollte während des Gesprächs die Ergebnisse mitprotokollieren – möglichst im Konsens mit dem Mitarbeiter; ansonsten sollte auch die Stellungnahme des Mitarbeiters mit aufgenommen werden. Am Ende des Gesprächs oder nach einigen Tagen Bedenkzeit sollten beide Gesprächspartner das Protokoll gegenzeichnen.

! Ablauf des Mitarbeiterjahresgesprächs

Kontaktphase

→ Positives Gesprächsklima schaffen

Klärung der Themen, der Gesprächsziele und des Zeitrahmens

→ Bedeutung und Rahmenbedingungen des Gesprächs (insbesondere wichtig, wenn das Gespräch erstmalig geführt wird)

Themenbearbeitung

1. Rückschau auf die Aufgaben, Ziele und Ergebnisse der vergangenen Periode
   → aus der Sicht des Mitarbeiters (mit Rückfragen der Führungskraft)
   → aus der Sicht der Führungskraft (mit Rückfragen des Mitarbeiters)
   → Aussprache

2. Stärken, Interessen und Entwicklungsbedarfe
   → aus der Sicht des Mitarbeiters (mit Rückfragen der Führungskraft)
   → aus der Sicht der Führungskraft (mit Rückfragen des Mitarbeiters)
   → Aussprache

3. Einschätzung von Zusammenarbeit und Führung
   → aus der Sicht des Mitarbeiters; Wünsche des Mitarbeiters
   → aus der Sicht der Führungskraft; Wünsche der Führungskraft
   → Aussprache und Vereinbarungen
   → Einschätzung der Zusammenarbeit des Mitarbeiters mit anderen Personengruppen (Kollegen u.a.) aus der Sicht des Mitarbeiters
   → Einschätzung der Zusammenarbeit des Mitarbeiters mit anderen Personengruppen aus der Sicht der Führungskraft
   → Aussprache und Vereinbarungen

Formular für das
Mitarbeiterjahres-
gespräch

Name der Mitarbeiterin /
des Mitarbeiters:

Name der Führungskraft:

Datum:

1. Rückschau auf die Aufgaben, Ziele und Ergebnisse der vergangenen Periode

Aufgaben, mit denen sich der Mitarbeiter in der
vergangenen Periode beschäftigt hat:

Kommentare zum Ergebnis:

Ziele, die für die vergangen Periode vereinbart wurden:

Kommentare zum Ergebnis:

2. Stärken, Interessen und Entwicklungsbedarf

Gesprächsergebnis:

3. Einschätzung von Zusammenarbeit und Führung

Gesprächsergebnis / Maßnahmen im Hinblick auf die
Zusammenarbeit von Mitarbeiter und Führungskraft:

Gesprächsergebnis / Maßnahmen im Hinblick auf die Zusammenarbeit des Mitarbeiters mit Kollegen, eigenen Mitarbeitern, Projektpartnern, Kunden u.a.:

4. Vereinbarungen von Zielen, Aufgaben und Ergebniskriterien für die kommende Periode

Vereinbarte Ziele / Aufgaben

Messkriterien

5. Vereinbarung über Entwicklungsmaßnahmen

Maßnahmen am Arbeitsplatz

nächste Schritte

Termin / Zeitrahmen

Weiterbildungsmaßnahmen, Schulungen, Training:

Unterschrift der Mitarbeiterin / des Mitarbeiters

Unterschrift der Führungskraft

Abb. 6: Muster für ein Formular zum Mitarbeiterjahresgespräch

4. Vereinbarung von Zielen, Aufgaben und Ergebniskriterien für die kommende Periode

→ Information des Mitarbeiters über mittel- und langfristige Entwicklungsschwerpunkte des Unternehmens und des Arbeitsbereichs durch die Führungskraft

→ Einschätzung der Entwicklung des Arbeitsbereichs aus der Sicht des Mitarbeiters

→ Ziele und Aufgaben für die kommende Periode aus Sicht des Mitarbeiters

→ Ziele und Aufgaben für die kommende Periode aus Sicht der Führungskraft

→ Aussprache und Vereinbarungen

5. Vereinbarung von Entwicklungsmaßnahmen

→ Anliegen des Mitarbeiters im Hinblick auf seine Entwicklung, Förderung und Fortbildung

→ Mögliche Perspektiven aus der Sicht der Führungskraft, Empfehlungen

→ Vereinbarungen von Maßnahmen

Zusammenfassung des Gesprächsergebnisses

→ Zusammenfassung des Gesprächs aus Mitarbeitersicht (was war ihm wichtig?)

→ Zusammenfassung aus Sicht der Führungskraft; vor allem Punkte mit Neuigkeitscharakter hervorheben, die zu neuen Sichtweisen geführt haben

→ Handlungs- bzw. Nachdenkpunkte für die Führungskraft auf der Basis der Rückmeldung des Mitarbeiters

Positives Gesprächsende

→ Gesprächsverlauf und -ergebnis würdigen

! Hinweise für die Gesprächsführung

→ Sehen Sie genügend Zeit vor; dauert das Gespräch jedoch zu lange, wird es schwierig, die Konzentration aufrechtzuerhalten. Dies betrifft besonders Mitarbeiter, bei denen das Führen von Gesprächen nicht zu den Kernaufgaben gehört.

→ Es ist nicht notwendig, jede in der Vorbereitung bedachte Frage Punkt für Punkt ‚abzuhaken'. Behalten Sie die wesentlichen Punkte und Zusammenhänge im Auge.

→ Halten Sie Ihre Ausführungen knapp und sorgen Sie dafür, dass Ihr Mitarbeiter mindestens ebenso viel zu Wort kommt wie Sie.

→ Versuchen Sie unter allen Umständen, eine Haltung des Fragens und der Offenheit aufrechtzuerhalten – auch und gerade in Situationen, in denen Ihr Handeln infrage gestellt wird.

→ Das Mitarbeiterjahresgespräch ist dann gelungen, wenn Klarheit und Einvernehmen nach dem Gespräch stärker oder mindestens ebenso stark ausgeprägt sind wie vor dem Gespräch. Nehmen Sie schon im Gespräch Klimatendenzen wahr, um nachjustieren zu können.

(Abschluss-)Reflexion

Hier können Sie Satzanfänge vervollständigen und sich auf diese Weise einige Gedanken über Ihre eigene Einstellung zu Mitarbeiterjahresgesprächen und die Gesprächskultur in Ihrer Organisation machen.

→ Die Anzahl und Qualität der Mitarbeitergespräche in unserem Arbeitsbereich halte ich ingesamt für ...

→ Wenn meine Führungskraft mich zum Jahresgespräch einlädt (bzw. einladen würde), dann denke ich (bzw. würde ich denken) ...

→ Wenn ich die mir unterstellten Mitarbeiter darauf aufmerksam mache (bzw. machen würde), dass nun wieder eine neue Runde von Mitarbeiterjahresgesprächen ansteht, dann lese ich auf ihren Gesichtern (bzw. würde dort lesen) ...

→ Strategien und Ziele in unserer Organisation sind ...

→ Das Einbeziehen von Mitarbeitern in strategische Prozesse ist in unserer Organisation ...

→ Wenn ich meine Chefin oder meinen Chef kritisiere, dann ...

→ Wenn meine Chefin oder mein Chef mich kritisiert, dann ...

→ Vereinbarte Maßnahmen auch umzusetzen, das ist in unserer Organisation ...

→ Wenn meine Führungskraft mir sagt, dass das Gespräch, das wir gerade führen, unter uns bleibt, dann ...

→ Wenn ich einer Mitarbeiterin oder einem Mitarbeiter sage, dass das Gespräch, das wir gerade führen, unter uns bleibt, dann ...

> → Der Führungsstil in unserer Organisation ist …
>
> → Mein Führungsstil ist …
>
> → Wenn wir im Kollegenkreis informell und locker miteinander spre-
> chen, dann halten wir Jahresgespräche, in denen Gesprächsbögen
> verwendet werden, für …
>
> → Gesprächstrainings sind in unserer Organisation im Allgemeinen …
>
> → Mitarbeiter systematisch weiterzuentwickeln, das ist in unserer Or-
> ganisation …
>
> → Wenn ich die Gesprächskultur in unserer Organisation nach meinen
> Wünschen gestalten könnte, dann würde ich …

Jedem Ende wohnt ein Anfang inne. – Vielleicht hat Sie diese Abschlussreflexion ja dazu inspiriert zu schauen, welche realistischen Chancen der Kommunikation Ihre Unternehmenskultur derzeit bietet, wo es noch Potenziale gibt und wie Sie sich selbst als Kommunikatorin oder Kommunikator in dieser Kultur verorten – und verorten möchten.

5 Lösungen

Kommunikation ist kein triviales, sondern ein lebendiges, vielgestaltiges Geschehen. Bei Übungen zur zwischenmenschlichen Kommunikation gibt es immer mehr als eine Lösung. Daher sind die hier vorgeschlagenen Lösungen als Anregung gemeint.

Übung: Spiegeln (Kap. 3.4)

1. *„Sie ärgern sich über das mangelnde Engagement der jungen Mitarbeiter und Sie fühlen sich mit vielen Arbeiten allein gelassen."*
2. *„Sie haben Sorge, dass die Maschine nicht zum zugesagten Termin fertig wird, und Sie befürchten, dass der Kunde drastische Konsequenzen ziehen wird."*
3. *„Sie sind bereit, die Idee zu prüfen, aber ganz zufrieden sind Sie noch nicht."*

Übung: Nutzen der Delegation (Kap. 4.1)

1. Aufgaben werden durch den größten Sachverstand gelöst; Delegation an den Spezialisten.
2. Die Übertragung anspruchsvoller Aufgaben erhöht die Identifikation des Mitarbeiters mit den Arbeitsinhalten und mit dem Unternehmen.
3. Die Delegation herausfordernder Aufgaben ist ein zentrales Instrument der Mitarbeiterentwicklung (wirkungsvoller als so manches Seminar).
4. Die Delegation von Fachaufgaben gibt dem Vorgesetzten Raum, sich auf strategische Themen zu konzentrieren. Er ist Spielertrainer, nicht bester Spieler auf dem Platz – Delegation als Chefentlastung.

Übung: Mögliche Fördermaßnahmen (Kap. 4.2)

→ Übernahme weiterer – fester – Aufgaben im Arbeitsbereich
→ Übernahme von – begrenzten – Projekten im Arbeitsbereich
→ Mitarbeit in bereichsübergreifenden Projekten/Arbeitsgruppen
→ Referententätigkeit bei internen Schulungen
→ Wechsel in ein anderes Aufgabengebiet
→ Auslandsaufenthalt
→ Entsendung in Führungsnachwuchs-Kreise
→ Vertretung des Vorgesetzten während dessen Abwesenheit
→ Coaching

Übung: Konfliktarten erkennen (Kap. 4.4)

→ Verteilungskonflikt
→ Wertkonflikt
→ Beziehungskonflikt
→ Wahrnehmungskonflikt
→ Zielkonflikt
→ Rollenkonflikt

Beispiel und Übung: Konfliktgespräch (Kap. 4.4.1)

→ Dafür sorgen, dass der Mitarbeiter hohe Redeanteile hat
→ Zunächst Wahrnehmungen und Fakten klären
→ Den eigenen Anteil an der Situation herausfinden
→ Feedback geben
→ Versuchen herauszufinden, ob der Konflikt ein Einzelfall ist oder ob sich beim Mitarbeiter schon länger Ärger angesammelt hat
→ Vereinbarungen treffen, die dem Wiederauftreten des Konflikts vorbeugen

Literatur

Bauer, J.: Warum ich fühle, was du fühlst. Intuitive Kommunikation und das Geheimnis der Spiegelneurone. Hamburg 2005.

Breisig, T.: Personalbeurteilung – Mitarbeitergespräch – Zielvereinbarungen. Grundlagen, Gestaltungsmöglichkeiten und Umsetzung in Betriebs- und Dienstvereinbarungen. Frankfurt/M. 1998.

Cohn, R.C.: Von der Psychoanalyse zur themenzentrierten Interaktion. Stuttgart 1975.

Doppler, K., Lauterburg, C.: Change Management. Den Unternehmenswandel gestalten. 2. Auflage. Frankfurt/M., New York 1995.

Erpenbeck, J., von Rosenstiel, L. (Hrsg.): Handbuch Kompetenzmessung. Erkennen, Verstehen und Bewerten von Kompetenzen in der betrieblichen, pädagogischen und psychologischen Praxis. 2. Auflage. Stuttgart 2007.

Haberleitner, E. u. a.: Führen, Fördern, Coachen. So entwickeln Sie die Potenziale Ihrer Mitarbeiter. 9. Auflage. München, Zürich 2007.

Kießling-Sonntag, J.: Handbuch Mitarbeitergespräche. Führen durch Gespräche. Zentrale Gesprächstypen. Mitarbeiterjahresgespräch. Berlin 2000.

Kießling-Sonntag, J.: Zielvereinbarungsgespräche. Erfolgreiche Zielvereinbarungen. Konstruktive Gesprächsführung. Berlin 2002.

Locke, E. A. u. Latham, G. P.: A Theory of Goal Setting and Task Performance. New Jersey 1992.

Nagel, R., Oswald, M., Wimmer, R.: Das Mitarbeitergespräch als Führungsinstrument. Stuttgart 1999.

Neuberger, O.: Das Mitarbeitergespräch. Praktische Grundlagen für eine erfolgreiche Führungsarbeit. 4. Auflage. Leonberg 1998.

Rogers, C. R.: Der neue Mensch. 8. Auflage. Stuttgart 2007.

Rosenkranz, Hans: Von der Familie zur Gruppe zum Team: Familien- und gruppendynamische Modelle zur Teamentwicklung. Paderborn 1990.

Vopel, K. W.: Interaktion im Team. Wie wird die Gruppe zum Team? Themenzentriertes Teamtraining, Teil 3. Salzhausen 1994.

Stichwortverzeichnis